センスを磨く読書生活

私たちは本でできている

奥村くみ

はじめに

自分の本棚を誰かに見られる。それは自分の秘密を知られるのと同じ。人の本棚をのぞくこと、それは同じくその人の秘密を知ってしまうこと。私は長らくそんな風に思っていました。

「こんな本が好き」って言うと、人にはどう思われるだろう？　なんて、ちょっぴり臆病な気持ちもあったのかもしれません。

けれどアートの仕事をするうちに、私の中で何かが変わり、そんな思いがゆっくりと溶けていったのです。本もアートも好みは人それぞれ。自分の知らない、あるいは好みではない作品にも、たくさんの方が心を寄せ、親しみを持っています。そんな当然のことに気づいてから、ＳＮＳ上で、私自身のお薦め本を少しずつ紹介するようになりました。

以前、私はインテリアコーディネーターとして働いていました。あるとき、日本のインテリアに足りないのはアートの存在だと気づき、半ば見切り発車的に始めたのがアートアドバイザーという仕事。アートをできるだけ、身近な存在として感じてほしいと、ブログ、そしてインスタグラム上でも「衣・食・住・アート」というフレーズで、日常のあれこれを投稿してきました。それは、アートがもっと、日々の生活に溶け込んでいくことを、願ってのことでした。

そんな中、ある時期からそこには本も絶対に外せないと、改めて強く感じるようになったのです。そしてアートの展覧会を紹介するのと並行して本の紹介を重ねていくうちに、二つの共通点の多さに気づくようになりました。なにより、本とアートは私の生活に、なくてはならないものでもあるのです。

人生の岐路に立ったとき、いつも私を支えてくれたのは本の存在。思えば物心ついてから本と離れたことはありません。どの時期においても、私の心の根幹を成していたのは本でした。そんな私にとって本についての本を書く、それはワクワクするような気持ちになる一方で、いささか荷の重い話でもありました。だって本の本だなんて！

事の発端は私のインスタグラムでの本の紹介投稿。アートの展覧会同様に、人にはそれぞれ感じ方があるのだからと、あらすじはもちろん、感想すらもほとんど書きません。ただその本から感じ取った、私に残っている余韻のようなものを、匂わすだけの短い文章に徹していたのです。しかし、その匂わせ方が、かえって本を読みたくなる気持ちにさせていたのだとか。ある日、編集者の方から「本の本を書きませんか？」と連絡がありました。そこからちょっとした紆余曲折があった数年後、この本が出来上がったのです。

当然ながらこの本は書評本ではありません。もしかして解釈を間違っているかもしれないし、作家の意図から大きくずれた受け取り方をして、自分の中で消化しているかもしれません。しかし、そこはアート鑑賞と同じ。受け取り手である私たちは、本やアートの世界で、自由に心を開放すればいいのだと思っています。

ただ一つ言えるのは、ここで取り上げた本は、どれも大好きだということ。それらが、愉快な気持ちにしてくれたり、心を救済してくれたり、温めてくれたり、刺激をくれたりしたことだけは間違いないのです。

一冊目の拙著では暮らしのあれこれ、二冊目ではアートとの暮らし、そしてこの本では本の話。いったいこの人は何をしている人？　そんな風に思われる方もおられるでしょう。

けれど私の中では完璧につながっています。本が導いてくれた私の人生。本がなければインテリアの仕事への憧れも抱くことがなかったし、アートの仕事へ足を踏み出す勇気もなかったことでしょう。

段々と字を追う気力が衰え、老眼も進むばかり。私の周りでもそんな方が多くおられます。昔に比べて本を読むのがしんどくなったと。もちろん私もそのひとり。

でも本を読みたい、魅力的な本に出会いたい、その気持ちは今も衰えることはないのです。

この本がきっかけとなり、若い頃のように新鮮な気持ちで本に向き合ってみようか、などと感じてくださる方がおられたら、これほど幸せなことはありません。

いつだって本は私たちを新たな世界に連れて行ってくれます。歳《とし》を重ねたとしても、その感覚が変わることはありません。

ずっとずっと本は私たちの頼れる味方なのです。

もくじ

本が思い出させてくれる旅の風景

何年も前、パリを旅行したときのこと。ひどい風邪をひき、丸二日間ホテルで過ごすことになりました。そのとき宿泊していたのは「王妃の館」という名の、クラシカルで、それは素敵なホテル。仕事仲間たちと出かけた頑張る自分たちへのご褒美旅行でした。

幸か不幸か、そのホテルに籠《こも》らざるを得なくなった訳ですが、困ったのは本を持ってきていなかったこと。リゾートへの旅行ならば必ず数冊は用意していくのだけれど、そのとき手元にあったのはガイドブックだけ。

そんな私に一緒に旅行していた友人が一冊の本を残し、パリの街へと出かけていきました。その本が後に、忘れ得ぬ一冊となる『朗読者』(ベルンハルト・シュリンク著)でした。

映画にもなったので、あらすじをご存じの方も多いでしょう。15歳の少年ミヒャエルが母親といってもおかしくないほど年上の女性ハンナと恋に落

『朗読者』
ベルンハルト・シュリンク著
松永美穂訳
新潮社

ち、彼女のために本を読む行為から展開していく物語。ある日突然ミヒャエルの前から姿を消したハンナ。そして数年後、大学生になったミヒャエルは、ナチスの戦争犯罪裁判の場で被告としてのハンナを見つけるのです。

この本を、美しいカーテンが窓を飾り、優雅な調度品に囲まれた部屋のベッドで、あるいは石造りの暖炉が印象的なロビーのソファで、夢中になって読みふけりました。そのときの読書経験は、熱のために上がっていた体温と、本に対する熱量がイコールとなったかのような、不思議な感覚を私に残してくれたのです。

この物語の舞台はドイツですが、シュリンク作品といえば、パリのあのホテルが真っ先に頭に浮かぶ、といった具合に本と旅先がしっかり紐づけられました。

今でも本の表紙を見るとホテルの光景が蘇《よみがえ》り、目を閉じると滞在していた部屋の香りまで漂ってくるようです。そしてホテルに籠っていたというのに、その二日間はパリの街を歩き回るのと同じくらいの、思い出深い時間となりました。

そのときの経験から、自分が持つ本のイメージと、リアルに舞台となっている場所がときに一致しなくても、深く心に刻まれるものだと悟った気がします。

それとは逆に、若い頃は本の舞台となった場所で、まさにその本を読んでみたいという願望が強くありました。それは成長した文学少女にとって、正しい行為であると信じていたからです。

大学生だった頃、ヨーロッパを駆け足でめぐるツアーを卒業旅行に選び、二週間ほどの格安旅に出かけました。今から思えば若いからこそできた旅。各都市をスタンプラリーのように回る大変な行程でした。

当時私はヨーロッパ好きなくせに、アメリカ文学が好きという、ちょっと複雑な嗜好を持っていました。特に好きだったのが、『ホテル・ニューハンプシャー』や『ガープの世界』などの著作がある、ジョン・アーヴィング氏の作品です。

そこで小説の中でも度々舞台となっていたウィーンで、氏のデビュー作『熊を放つ』を読んでみようと思いつきました。ウィーンの市庁舎公園で出会ったふたりの若者がたどる物語は、現地で読むのには完璧です。しかしスーツ

『熊を放つ』
ジョン・アーヴィング著
村上春樹訳
中央公論新社

ケースに入れていったのはいいけれど、滞在したのはたった二日ほど。本を片手にベッドにごろんと横たわり、「今、私はウィーンにいてこの本を読んでいる」。そんな高揚感に包まれながらも、時間には勝てません。長編小説など読み切れるはずもなく、夢のような文学的試みは残念ながら頓挫しました。

ドイツ人作家とアメリカ人作家。それぞれの一冊は、今でもそのときの旅の風景をありありと思い出させてくれます。かたや旅先では読了できなかったのだけれど。

好きな小説家と呑める券

もし「好きな作家と呑《の》める券」が当たるとしたら、迷わず三浦しをん氏枠に応募したいと思います。

でも本当に当選したら当日までドキドキして緊張するなあ、いったいなんの話をしよう？　やはりいちばん好きな三浦作品について語るべきなのか？　いやいや、そこはあえて外して……。

誰か止めてください、私の暴走する妄想を。あ、韻を踏んでしまいました。

村上春樹氏のエッセイ本『職業としての小説家』からの引用になりますが、アメリカ人小説家のジョン・アーヴィング氏は、読者とのつながりについて、村上氏にこう言ったそうです。

『職業としての小説家』
村上春樹著
スイッチ・パブリッシング

「あのね、作家にとっていちばん大事なのは、読者にメインラインをヒットすることなんだ。言葉はちょっと悪いけどね」

メインラインをヒットするとはアメリカの俗語で、相手をアディクト（ドラッグの常用者）にする意味なのだとか。

私もすっかりアディクトにされてしまった作家が何人かいます。そんな作家の新刊が本屋さんに並ぶと速攻買い！　買ったはなから「次はいつ？」などと、次の新刊が待ちきれなくなるのです。

三浦しをん氏はまさにその中のおひとり。日本中で〝新刊発売後、早い時期に本屋さんで新刊を手に入れる上位リスト〟に入っていてもおかしくないと信じています。

中でもいちばん好きなのは『まほろ駅前多田便利軒』で始まる「まほろ駅前シリーズ」。不器用な生き方しかできない主人公ふたりが、東京のはずれに位置するまほろ市（架空の都市）で営む便利屋。そこで起きる珍事件や、彼らを取り巻く人々、そしてアクの強い依頼人たちをめぐる物語です。

『まほろ駅前多田便利軒』
三浦しをん著
文藝春秋

かなりハチャメチャで面白いのだけれど、主人公ふたりの悲しく辛《つら》い過去が、時折見え隠れして、笑いあり涙ありの、喜怒哀楽てんこ盛りなのです。

三浦作品といえば、小説ごとにその舞台背景を掘り起こし、それは深く研究しているマニアっぽさが、びしばし伝わってくる感じもたまりません。

本屋大賞受賞作の『舟を編む』では辞書編纂に取り組む人々の舞台裏を、『風が強く吹いている』では箱根駅伝を目指す若者たちの青春を、『神去《かむさり》なあなあ日常』では都会から山奥の小さな村に放り込まれた主人公が林業を通じて成長する話を、『愛なき世界』では植物研究に没頭する女性に恋してしまった主人公の悩める様を、そして『仏果を得ず』では文楽の虜《とりこ》になった若者の奮闘ぶりを。

それぞれのフィールドに飛び込んで、隠密のように調べ上げたかのごとく（おそらくそれに近い取材で）リアリティに満ちています。そんな氏の小説を通じてどれほど多くの世界をのぞかせてもらったかしれません。

ああ、そして氏の捧腹絶倒、かつ、ときに含蓄あるエッセイ！　それらには、落ち込んだり、心がもやもやしたりしているときなどに読み返し、愉快な気持ちに導いてもらう、精神安定剤のような働きがあるのです。

エッセイの中に登場する三浦氏の近辺にいる美容師さんやネイリストさんや、蕎麦屋さんが本当に羨ましい。だって自分の近くに推しの作家がいる日常なんてすごいことですもの。

けれど、もし近所に住んでいたとて、私には三浦氏が足を運んでくれるような専門的技術はない。となると氏の出入りしそうなお店に、足しげく通い顔馴染《なじ》みになるしかありません。

「なんかお忙しそうですよね〜、あらあ、ご職業は作家さんなんですか？大変ですよね〜」と、正体を知らないふりをして、お近づきになる。しかし、それはもはや立派なストーカー。

ですから、合法的に一緒に呑める券が必要なんです。そんな抽選券が本に挟まれていたらたくさん買わなきゃ。でも同じ単行本ばっかりあってもさすがに困るし。

ほんと、誰か止めてください。茫々《ぼうぼう》たる妄想を。あ、また踏んでしまった。

本とアートを愛する人へ

本好き、アート好き、どちらの方にもお薦めしたい一冊があります。
それは『書物のある風景』（ディヴィッド・トリッグ著）。宗教画から現代アートに至るまで、古今東西の書物のある風景を捉えた芸術作品が詰まった、それは美しい美術書です。

人類が本をつくってから何世紀が過ぎようと、その存在は変わることなく、どの時代にも人々に希望の光を与え、読書は人間にとって尊く、美しい行為の一つであり続けています。

本がモチーフになったアート作品が個人的に大好きなこともあり、この本にはそんな作品がぎっしりと詰まっているのも嬉《うれ》しい限り。

本そのものをモチーフとしている作品もありますが、その多くは本を読む姿が描かれたり、撮影されたりしているもの。

穏やかに読む人、しかめっ面で本に向かう人、読みながら寝落ちしてしまっ

『書物のある風景』
ディヴィッド・トリッグ著
赤尾秀子訳
創元社

ている人。

本と向き合う姿は様々ではありますが、ページをめくる度に、人間に与えられたこの知的行為を存分に享受せねば、という気持ちになってくるのです。

そしてこの本には本をめぐる珠玉の言葉が、作品の写真紹介の間に、栞《しおり》のように挟まれています。

それらは本好きにとって、心に響く宝石のような言葉ばかり。その言葉の栞を一つ紹介するとこんな感じです。


最も愛しい時間を過ごせる、最も強い魂の友は――本。

エミリー・ディキンソン（1830〜86）

本を読む姿と聞いて思い出すのは、パリに長く住む料理研究家の、双子の娘さんたちのこと。初めて会ったときはまだ小さかった彼女たちですが、すでに大人びた小さなパリジェンヌといった雰囲気を漂わせていました。

そんなふたりは、お母さんたちがお喋《しゃべ》りしている横で、静かにずっと本を読んでいるのです。おそろいのバスケットから、本を取り出す姿が愛らしい一方で、真剣に本に向かっている様子には、気高いオーラさえ漂っていました。

本の世界を漂っている人は美しい。そのとき私は強くそう感じたことを覚えています。

もう一つ忘れられないのは、電車で若い男性が、バッグから無造作に文庫本を引っぱり出し、無心に読み始めた風景。

髪の毛を茶色に染めた、いわゆる今どきの若者です。いったいなんの本か気になって仕方ありません。

じっと観察すること数分。文庫本を持つ手の角度が変わった瞬間、目に飛び込んできたタイトルにちょっとびっくりしました。

その本とは『砂の女』(安部公房著)。

心の中で矢継ぎ早に叫びました。

「渋いね！　私も昔読んだよ！　今どこあたり？　解釈難しいよね？」

若い男性の風貌からは、ちょっと想像がつかない純文学の本を読んでいて、なんだか面白くて微笑《ほほえ》ましくて、ついにやにやする私。

本を読む姿って男女問わず、ポイントアップする感じがあります。

若い男女諸君！　電車では携帯電話をのぞくのではなく本を読もう！　こう言うと「携帯で読んでます」とあっさり返されそうですが。

さて、この『書物のある風景』。帯の言葉がとても素敵なのです。普通、帯には仰々しい表現が並んでいることが多いけれど、たまに出版社ド直球といった感じの紹介文を目にすると、なんだかそれだけで「よし！　その思いしかと受け取った！」とばかりに、即買いしてしまいたくなります。

帯に書かれていたのはこちらの言葉。ぐっときませんか？

「読む」ことは「生きる」こと。
本を愛するあなたへ贈ります。

田舎に旗を立てること

世間一般にいうところの「田舎」に住んでいる者にとって、胸のすくような言葉があります。

それは『夕顔』(白洲正子著)の中にある、見事な切り口によるこの言葉です。

さすが白洲正子氏。このバッサリ感がたまりません。

田舎に住んで、まともな生活をしている人々を、私は尊敬こそすれ、田舎者とはいわない。都会の中で恥も外聞もなくふるまう人種を、イナカモンと呼ぶのである。

ありがとうございます。白洲先生。私はこの素晴らしい土地で、まともな

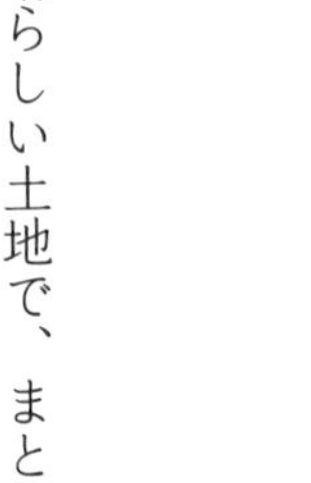

『夕顔』
白洲正子著
新潮文庫

生活を営んでいきます。そんな風に本気で誓う一言です。

かくいう私、今では田舎暮らしに満足していますが、若い頃は自分が田舎に住むとは、夢にも思っていませんでした。

どちらかというと、私のようなタイプの人間には、田舎暮らしは絶対合わないと決め込んでいたくらいです。

ところが、結婚を機に、奈良の明日香《あすか》近くに住むようになって、私は大きく変わりました。

ここには素敵なカフェや美味《おい》しいケーキ屋さんもありません。けれど自然は日々、五感を刺激してくれ、心に穏やかな風を吹き込んでくれます。

見慣れたはずの風景なのに、いまだにその美しさにはっとする、私の住む場所はそんな瞬間で満ちあふれているのです。

以前の私は、自分では広いように思っていた視野も意外に狭く、変なプライドにまみれた未熟で不完全な人間でした。

しかし田舎で暮らすようになり、人にとって大切な何かを知った気がします。田舎が私を多少なりともまともな人間にしてくれたのです。

と、私の人間的成長にとっては喜ばしいことばかりなのですが、仕事にとってはどうなの？　そこが問題です。

私はアートアドバイザーを名乗る身。都会で働いていなければならない職種です。

それでなくても、すべてが東京に集中している中、現代アートに関わっている者が、田舎に住んでいることを、アート業界の人はどう思っているのだろう？

それは東京で名刺を渡す度に、ヒシヒシと感じます。名刺の裏を見て、「あれ？　これ、どこ？」といった相手方の反応を敏感に察知してしまうのです。

昨今、ＳＮＳ上でアート作品情報を簡単に集めることができるとはいえ、距離的な問題はいかんともしがたく、リアルな情報収集の面から言えば、田舎に住んでいることは圧倒的に不利です。やはりアート作品は実際見て感じ取るものですから。

けれど、今までお客様にアート作品を納品してきた実績は、田舎に住もうが都会に住もうが関係ありません。

そしていつしか私は名刺をお守りだと考えるようになったのです。住んでいる場所でレッテルを貼るような人から守ってくれる、いわばお札のようなものだと。

そんな訳で今ではビバ！　田舎暮らしを唱えている私ですが、アートを実際に見ていただく場としてビューイングルーム「こぉと」を立ち上げたときにはさすがに弱気になりました。

本当にここに人が来てくれるのだろうか？

そう思い悩んでいるときに、白洲氏の言葉を知ったときと同じくらい、力強く励まされる言葉と出会ったのです。

それは『小さな声、光る棚』（辻山良雄著）の中の、あるエピソードに出てくる言葉でした。

この本は東京・荻窪の新刊書店「Title」の店主である辻山氏が本についてのあれこれや、書店での日々の出来事、そこに集まる人々のことを綴《つづ》った一冊です。

お店を始めるにあたり、なかなか思う場所にめぐり合えず、やっと心惹《ひ》かれる物件を見つけたものの、ネックになったのは駅からの遠さ。

『小さな声、光る棚』
辻山良雄著
幻冬舎

そのことをある画家に話してみたところ、こんな素敵な返答があったそうです。

あたりまえのことは、なかなか自分では気がつかない。彼から返ってきたメールには、ぼくには店のことはわからないけどと前置きがあり、「でも、辻山さんが旗を立てた場所が、みんなの好きな場所になっていくんじゃないですか」と書かれていた。

そのやり取りが辻山氏に「本屋をつくる」という具体的なイメージを与えてくれたのだそうです。

私はその画家の方が言われた言葉に、本を通じて出会った訳ですが、大いに勇気づけられました。

もちろん立地条件が不利といえども東京都内のこと。私の住む場所での試みとは全く違うといえば、それまでです。

しかし本の中に、駅前のビルの間にあるよりは、少し離れた場所の方が、旗が目立つとあるように、田舎ではもっともっと旗が目立つはず。

不思議なことに「旗を立てる」と心の中で唱えることを始めた途端に、様々な場所から多くの方が、こぉとを目指して来てくださるようになりました。皆さんが一生懸命私の旗を見つけてくださったのだと思うと、ちょっと泣けてきます。

そして想像するのです。全国津々浦々で、すでに数多《あまた》の人々が立てているであろう、色とりどりの旗のことを。

私はここに旗を立て続けます。

みんなに気づいてもらえるように。

「こぉと」という言葉

2021年春。コロナ禍の最中、ビューイングルーム「こぉと」をオープンしました。ギャラリーとは違ったスタイルで、アートと暮らす提案をしたいと、小さなスペースを構える決断をしたのです。

古い木造建築の一部を改装し、完成した空間の名前を考えるうちに、「こぉと」という言葉が、自然と頭に浮かんできました。おそらく多くの方にとっては、あまり聞き馴染みのない形容詞でしょう。

これは古いなにわ言葉で、派手の対極にあるような表現。質素で地味だけれど、品が良く趣があって、さらには渋いけれどお洒落《しゃれ》、そんな感じでしょうか。

「こぉと」と小さくつぶやいたとき、小さな頃の記憶が鮮やかに蘇ってきました。幼い頃から、ちょっと渋めのものが好きだった私が、何かを選んだときに、祖母から「こぉとな趣味やね」と言われていたことを。

アートと暮らすことで日常に一本の軸ができると、こだわりのある上質なもので生活を満たしたくなります。

華美ではなくとも、暮らしの真髄に迫る、いわば、素《そ》のようなものに囲まれたい、という気持ちが湧いてくる。そんな想いを込めるのに「こぉと」の響きが、しっくりくる気がしたのです。

今ではほとんど耳にすることがないこの表現ですが、『あきない世傳《せいでん》金と銀』（髙田郁著）の中に何度かその表現を見つけたときには「あ！」と小さく声を上げてしまいました。

読んでいると、こぉとと表現された織物の色味や柄が目にありありと浮かぶようです。

渋くて品が良くて、粋でお洒落で、そんなイメージの織物の様子が。

呉服商に奉公に出された主人公幸《さち》が、数奇な運命に翻弄されながら、女店主、そして商人として着実に歩んでいく物語。これでもかという災難に見舞われながら、決してあきらめることなく、次なる道を模索しながら商いに邁《まい》

『あきない世傳 金と銀』
髙田郁著
角川春樹事務所

進《しん》する幸の行く末を、読者はハラハラドキドキの気持ちで見守っていたことでしょう。

さて、髙田郁氏の本を最初に読んだのは『八朔《はっさく》の雪 みをつくし料理帖』。映画やドラマにもなった大ヒットシリーズの一冊目でした。

天涯孤独な少女澪《みお》が、料理の腕だけを頼りに、一流の女料理人になるまでの道のりを綴った物語は、作中登場する滋味深い献立もあいまって読み応え十分です。

実はこのシリーズの第一弾は、あるお客様から手渡されたのです。

「大好きな本なの。もし面白ければ続きを読んでね」と。

時代小説には、ほとんど興味がなかったのですが、またたく間にのめり込み、そのとき発刊されていた本すべてをあっという間に読了。すっかり髙田氏のファンになりました。

そのお客様に誘われ、新刊サイン会にも何度か足を運んだことがあります。

髙田氏のお話しぶりは、穏やかで温かく、ひとりひとりの話に耳を傾ける様子は、まさに氏が表現する本の世界そのもの。会場全体がそれは優しい空

『八朔の雪 みをつくし料理帖』
髙田郁著
角川春樹事務所

気に包まれるのです。

よく通る澄んだお声で、ひとりひとりに優しく語りかけるやり取りは、聞くつもりはなくても自然に耳に入ってきます。

それを聞いていると私まで涙が出そうになり、「髙田先生、涙腺が崩壊しそうです～」と何度叫びそうになったことでしょう。

ちょうど、私の一冊目の本が出る少し前にサイン会に出かけたときのこと。実はちょっとばかりやらかしてしまいました。

「この一年、何か良いことはありましたか？」

旧知の友人に話しかけられたかのような、温かな問いかけに、つい「念願の本が出るんです！」と、口走ってしまったのです。

「まあ！　素晴らしいですね！　本のタイトルはなんですか？」

ここではっと我に返りました。大ベストセラー作家に、こんなことを言ってしまった自分の愚かさに気づき、急に緊張してきた私。

「えっと、センスを磨く日々、あれ違う。あ、なんだっけ？　忘れました……」と、なんとも情けない返事をしてしまったのです。あの瞬間を思い返すと今でも顔が赤くなってきます。

髙田郁氏の本は、その方から薦められなければ、一生読まなかったかもしれません。小さな頃から推薦図書には興味がなく、成長してからも、ベストセラー本はあえて読まない天邪鬼。しかも時代小説など『竜馬がゆく』（司馬遼太郎著）くらいしか読んだことがなかったのですから。

時代小説読まず嫌いの私に、この2シリーズは新たな読書の楽しみを、プレゼントしてくれました。「こぉと」という懐かしい言葉との再会と共に。

もし、また髙田氏のサイン会に出かけることがあったとしたら、私はこう話そうと思います。

「こぉとって本当に素敵な言葉ですよね！」

星の王子さま

わが家のリビング。アートが点
在している空間で本を読むのは
至福の時間。

イージーチェアの横にシャルロット・ペリアンのスツールを置いてサイドテーブル代わりに。

ちょっと重めの本を読むときは、
リーディングピローやクッション
ンを使うと楽。

装丁が気に入った本は、しばらくアートやオブジェと共に飾っておくことも。

大人女性の読書術

「奥村さんみたいに、たくさん本を読みたいけれど、老眼で目が疲れちゃって」

よくそう言われますが、私ももちろんそうです。「面白そう」と書店で開いたものの、小さい文字が並んでいると「もう、無理！」、どんなに興味をひかれた内容でも、そのまま本棚に返します。

若い頃とは違った本との付き合い方を見つけること。それが大人女性の読書を続けるコツではないでしょうか？

小さい文字は追いかけない、なかなか読み進むことができない本に時間を費やさない、無理して全部読もうとしない。こういう潔さが大切になってくる気がします。

ときには飛ばし読みだって許されると思います。もちろんミステリーなどは、そういう訳にはいきませんが、エッセイや短編集なら読みやすい章から読むのもあり。

まずは本の中に自分の気持ちに寄り添う言葉や、心ゆさぶられるフレーズを、いくつか見つけるだけで十分だと思うのです。それから、もう一度ゆっくり味わいつつ読むと、なんだか得した気分にさえなります。

それでもちょっと読み難《にく》く感じたら、よく聞くフレーズですが、〝寝かせて〟おくのもいいかもしれません。

断捨離においては一年着なかった洋服は処分が鉄則ですが、本に関しては、それは当てはまらないと思うからです。

いつか突然読みたくなるときがくるかもしれない。ですから本棚で待機してもらっていても、なんら後ろめたく感じることはないのです。

その一方ですっぱりあきらめることも大切。経験上、寝かしていてもおそらく無理だと感じた本は、引き取り業者に定期的に集荷をお願いしています。

正直、本の買取り価格はちょっと悲しい金額。けれど、もう一

空き時間がありそうなときは必ず本を一冊持つ。文庫本には革のカバーをかけて。

度どなたかの手に渡るとしたら、本の命も蘇るというもの。

もう一つ、知らない言葉や事柄が多く、ちょっとてこずりそうな本の場合、私なりの読み方のコツがあります。

本の内容に目と頭が馴染むよう、まずはザッピングするようにしてから読むのです。最初から最後まで、ささっと簡単に目を通しておき、今一度読み始めると、不思議と頭に入りやすくなる気がします。

さてここ数年、インスタグラム上で、読書記録代わりに面白かった本を投稿しています。

以前は読んでいる本を誰かに知られるのは、自分の中身までさらけ出してしまうようで、憚《はばか》られていたのですが、ある年齢を超えたときから、スパッと考え方が変わりました。

「いいじゃない？　知られたって」と開き直ったとでもいいましょうか。

そして好きな本の公開では、思いがけず嬉しいおまけがついて

バッグが人気の、某ブランドの赤い虎のブックマーク。お茶目な雰囲気に和まされる。

くることもあります。

「その本読みました！」

「本屋さんで気になっていた本です！」

そんなコメントが入ると、本でつながっている感じがたまらなく心地よく、とても幸せな気持ちになるのです。


「いつ読んでるんですか？」

これもよく訊《き》かれる質問の一つ。

私は多読の方だと思うけれど、読みたい本が見つからなければ、全然読まない期間もあります。逆に読みたい本は重なるもので、その際には三冊くらいを同時に読み進めることもしょっちゅう。

読むのが止まらないくらい面白い本だと、煮物をつくりながら、キッチンで立ったまま読んだりもします。たまに煮汁をページに飛ばしながら。

でも最高なのは物語の最後の数行を読むのが、日没にかかる美しい夕暮の時間や、朝日がきらきらと差し込む瞬間に重なったと

続きが気になるミステリーはキッチンにも持ち込み、煮込み料理の待ち時間に読書継続。

きです。

そんなときは物語の内容とあいまって感動で震えます。そして、本の記憶が景色と一緒に心に強く刻まれるのです。

最後によくこれも耳にします。

「何を読んだらいいのかわからない」

わかります。ある程度の年齢に達すると読書迷子になってしまう感じ。

読み逃している日本の純文学をかたっぱしから読んでみる、もちろん悪くない選択です。でも自分の読書生活を顧みると挫折する確率も高そう。

近くに充実した図書館がある方は、その点とても幸運です。無数の本の中から手に取って、読みたい一冊を探すことができるのですから。

もちろん気になる本をポチる、というのがいちばん楽かもしれません。ただ、やはり自分で実物を書店で確認した方が、読了に

アートと本、どちらも私の暮らしには欠かせないもの。共通項も多い。

つながる確率は高いでしょう。

そこで私の究極のお勧めは「美味しそうな本屋さん」を見つけること。

どれもこれも読みたくなるような本が並んでいる書店があります。そういう店舗では店内の灯《あか》りが心地よく、配置が絶妙だったり、それぞれの本に気の利いたポップがつけられていたり、ぐぐっと読書欲をそそられるのです。

私は「読みたくなる本」を「美味しそうな本」と表現していますが、スーパーでも同じことですよね。美味しそうに並んでいるお店には通いたくなりますもの。

私にもいくつかそんな本屋さんがあります。

もし本選びで悩んだら一度「美味しそうな本屋さん」探しから始めてみてください。

見つけた瞬間から、その本屋さんは心強い味方となり、読書生活がとても楽しいものとなりますから。

零の晩夏
ロング・グッドバイ
短編画廊
GRACE
500

書斎にある本棚。人に見せること
は意識していないので、全く“ば
えない”けれど、だからこそリア
ル。私をつくってくれた本のごく
一部が並んでいる。

ビューイングルーム「こぉと」は、私がアートイベントを開催する場所（P.28参照）。準備が完了してお客様を待つ、静かな時間も読書タイム。

どんとこい！　カラマーゾフ！

「世の中には二種類の人間がいる。『カラマーゾフの兄弟』を読破したことのある人と、読破したことのない人だ」（村上春樹）

村上氏のこの言葉で『カラマーゾフの兄弟』（ドストエフスキー著）を手にした方も多いことでしょう。

かくいう私もそのひとり。これは一生のうちに読んだ方がいいのではないか、いや読むべきだ、そして読破した側の人間になるのだ！　そんな思いが高じて、ある日読んでみることを決意したのです。

けれどふと冷静に考えました。いや、長いよね？　ロシア文学だよね？　いくら読書好きとはいえ読破なんて無理だよね？

そこからどうやれば、カラマーゾフを攻略できるのかを考え抜きました。出た答えはまずロシア脳になること。もちろんそれはロシア語を習うことではありません。とりあえず数冊ロシア文学を読んでみて、少し頭を慣らした後に挑もうと思ったのです。

そう決めた日から『アンナ・カレーニナ』（トルストイ著）や『罪と罰』（ドストエフスキー著）などを次々読み、ロシア脳化計画を進めていきました。カラマーゾフ攻略に向けての読書でしたが、いずれも不朽の名作だけあって、すこぶる面白い。「ロシア文学ハマるかも！」そう思った段階でロシア脳化計画はまずは成功です。

地道なウォーミングアップ期間を経て、ロシア人の名前にも慣れた頃、ついに心の中で宣言しました。「どんとこい！　カラマーゾフ！」

そんな一大決心のもと、読み始めたのですが、これが意外なことに、すらすらっと読めてしまったのです。光文社版新訳のお蔭なのか、はたまたロシア脳化計画が功を奏したのか、物語に夢中になり読むのが止まらない。

結局のところ、ものすごい名作であるが故に、引き込まれていったのだと、読み進めていくうちに納得しました。本の中には、映画の中の長回しを思わせるような語りが随所に出てきて、ぐったりするのだけれど、それさえも途中からは心地よく感じてきます。

『カラマーゾフの兄弟』
ドストエフスキー著
亀山郁夫訳
光文社文庫

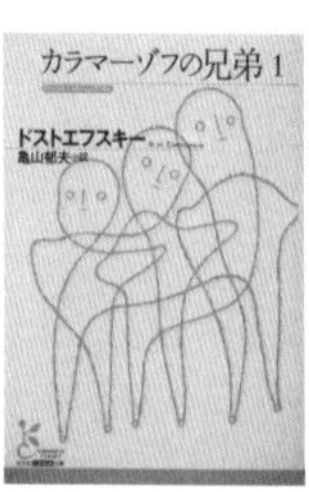

どの時代にも、一定数は存在するであろう、好色で強欲なオヤジであるフョードル・カラマーゾフ。彼が何者かに殺害されたことを軸に展開するこの長編小説。推理小説のような要素を含みつつ、今の時代にも当てはまるような問題提起もあり、古い話でありながら新しい。あたかもドストエフスキーが、リアルタイムで私たちに向けて、物語を紡いでくれているような印象さえ受けたのです。

「これぞ小説だ!」と感動しつつ読み終えた後、それまで経験したことのない、妙な達成感が残りました。冒頭で触れた村上春樹氏が、読者と交わした問答集『ひとつ、村上さんでやってみるか』の中でも、『カラ兄』(と、略されている)を読了した方への返答にこんな箇所があります。

読了おめでとうございます。「読んだ!」という達成感ありますよね。何か大事なことを成し遂げたという実感もあります。

そうそう! まさに成し遂げた感じ! そしてそんな高揚した気持ちのまま、事あるごとに会話をカラマーゾフの話に誘導し、いろんな人にこの本を

『ひとつ、村上さんでやってみるか』
村上春樹著
安西水丸絵
朝日新聞社

推奨したのです。もちろんロシア脳になってから読んだ方がいいとのアドバイスも添えて。

しかし現在私の手元に本はありません。お節介が高じて無理やり、ある人に貸してしまったからです。全五冊にもわたるロシア文学を、いきなり薦められ、手渡されても、さぞや戸惑ったことでしょう。

ごめんなさい、と心から謝りたい。本が返ってこなくても、あなたは悪くない。


このことがきっかけとなったのか、時折本屋さんで暗澹《あんたん》たる思いになることがあります。これほど多くの本があるのに、ほとんど読まないまま人生が終わってしまうのだと、悲しくなってしまうのです。

難解だと、はなから諦めている本、食わず嫌いならぬ、読まず嫌いで手に取っていない作家の本。もしかしたら、それらの本の中は、琴線に触れる言葉で満ちあふれているかもしれないのに。読んでみたらとてつもなく感動するかもしれないのに。そう思うと、もっともっと読まなければと、なんだか居ても立ってもいられなくなるのです。

さて、生涯であと一冊、カラマーゾフ級の思いで、読破に挑むとしたら『失われた時を求めて』（プルースト著）であることだけは確かです。ただチャレンジするかどうかはまだ決めていません。

漫画版や抄訳版もあるようなので、まずはそれらでカラマーゾフのときと同じくウォーミングアップするべきなのか。

けれど「どんとこい！　失われた時を求めて！」では、なんとも語呂が悪くて言い難く、気合も入らない。そんなつまらぬ理由で、弱気になったりするのです。読んでしまえば、カラマーゾフ読了後のような、大きな感動が待ち受けているのはわかっているのだけれど。

まだの方、読んでみてくださいね、『カラマーゾフの兄弟』。ロシア脳になってから。

ごはんづくりを応援してくれる本

『桃を煮るひと』（くどうれいん著）の中にある大根の面取りをめぐる話がとても好きです。その行為自体が「丁寧な暮らし」として捉えられるかもしれないけれど、ご自身の中ではそうではないのだというくだり。

本のあとがきにはごはんをつくるとき、周りに薄い虹色の膜のようなものができて自分を守ってくれる気がするのだともあります。それを読んだとき、私自身の忙しかった日々がリアルに蘇ってきたのです。

インテリアコーディネーターとして多忙を極めていた頃のこと。帰途につく道すがら眉間に皺《しわ》を寄せつつ、いつも考えていたのは「今日の晩ごはん、何をつくろう?」でした。日曜祝日関係なくずっと忙しく働いていたため、つくり置きする余裕もなく、買い出しに行くだけで精いっぱいの日々。当然ながら当時は食材をポチって届けてもらう手段もなく、インスタグラムなど

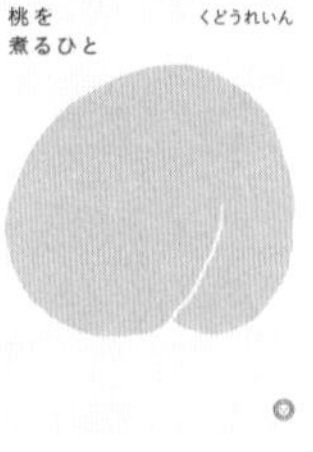

『桃を煮るひと』
くどうれいん著
ミシマ社

のSNSも存在していません。何か困ると正統派の料理本である『日本料理全書』（土井勝著）を引っぱり出して参考にしていたものでした。

もちろんその頃にもいろんな裏技が存在していただろうし、でき合いのものを買ったり、冷凍食品に頼ったりすれば、もっと楽ができたのでしょう。けれど、ぐったり疲れていても「さあ、つくるぞ」と心の中でひとり呟《つぶや》き、深呼吸して調理に取り掛かるひとときは嫌いではありませんでした。

当時の私は、ごはんをつくることで仕事から頭を切り替えることができ、諸々の厄介ごとから解放される気がしていたのです。

さらに言えば、ごはんをつくるという基本的な行動を放棄してしまったら最後、私という人間がぐずぐずと崩れていくようで、必死に踏ん張っていたのかもしれません。ただひたすらごはんをつくることで心と体のバランスを取っていたのです。そう、自分を守るために。

疲れていて泣きそうになりながら、仕事のトラブルを抱えつつイライラしながら、キッチンに立っていたのは、決して「丁寧な暮らし」のためではなかったのだと、賛同して叫びたくなる思いでした。

以前に比べると時間に余裕ができた今となっては、ジャムを煮たり、季節の野菜であれこれ常備菜をつくったりと、ごはんづくりにも時間や手間をかけることができています。けれど、あのささくれた時期のごはんづくりの日々がなぜか無性に懐かしく思い出されるときがあるのです。

多忙だったその当時インスタグラムがあれば、もっと楽しく前向きにごはんづくりに取り組めたのかしら？　などと考えるときに、頭をよぎるのは食エッセイの名著『わたしの献立日記』（沢村貞子著）です。

食インスタグラマーの先駆けともいえる氏のこの本には、ずいぶん若い頃に出会いました。季節を取り入れた、滋味にあふれかつ工夫を凝らした献立の数々に加え、食にまつわる珠玉のエッセイ。ごはんづくりの理念のようなものが、ぎゅっと詰まったこの一冊に共感を覚え励まされた方も多いでしょう。

そういう意味では、元祖「丁寧な暮らし本」ともいえるのではないでしょうか。今読み返してみると、くどう氏のそれと同じ香りがするのです。

生きた時代も、書かれた時期のおふたりの年齢も違うのに、そこにはとても大切な、ごはんをつ　、行為の本当の意味が込められているような。そし

『わたしの献立日記』
沢村貞子著
中公文庫

て彼女たちの言葉はときに優しく心強いエールとなり、台所に立つ私たちにそっと寄り添ってくれるのです。

くどう氏の最初の著書『わたしを空腹にしないほうがいい』の中にずっと心に残っている一節があります。

> 菜箸を握ろう。わたしがわたしを空腹にしないように。うれしくても、寂しくても、楽しくても、悲しくても。たとえば、ながい恋を終わらせても。

歳を重ねていくと失恋よりも、さらに悲しい別れがやってきます。この先に待ち構えている、愛する人、大切な人を失うときの喪失感を思うと胸が張り裂けそうになるし、そんなときには、到底菜箸を持つことなどできないでしょう。けれども当時二十代前半の若いくどう氏が綴ったこの言葉は間違いなく、どんな世代にとっても大きな励みになるはず。

おふたりの言葉を時節思い出しつつ、今日も私はキッチンに立つのです。

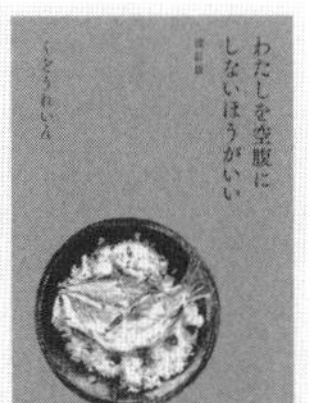

『わたしを空腹にしないほうがいい 改訂版』
くどうれいん著
BOOKNERD

使ってしまった人生

10年前、何をしていただろうとたまに考えることがあります。過去を振り返るというよりは、その頃目指していた場所に今立っているのか？　そのときの選択は正しかっただろうか？　といった、人生における言わば確認作業のようなものでしょうか。

ときには10年ごとの区切りではなく、大昔にさかのぼり考えることもあります。しかし、そうなってくると、もはや確認作業ではなく「もしあのときこうしていればどうなっただろう？」と、想像の世界を漂ってしまうことになるのですが。

『世界は「使われなかった人生」であふれてる』（沢木耕太郎著）は、氏の映画評が集められた一冊です。

その冒頭にある「ありえたかもしれない人生」と「使われなかった人生」

『世界は「使われなかった人生」であふれてる』
沢木耕太郎著
暮しの手帖社
（在庫切れ）

※幻冬舎文庫より文庫本が発売されている。

についての語りの部分を読む度に、大いに考えさせられます。

人生の分岐点においてこちらの道ではなく、あちらの人生を選んでいたら、と多くの人がぼんやり考えるであろう「ありえたかもしれない人生」。

氏が例として挙げている、もしあのときバレエ・ダンサーとしてのキャリアを諦めずに続けていたら……。もしあのとき死んだのが長男でなく次男だったら……。といった「ありえたかもしれない人生」は、なるほど映画の中にあふれています。


その言葉とは別の、タイトルにも使われている「使われなかった人生」。「ありえたかもしれない人生」と似ているようで微妙に違い、より具体的な可能性があった「使われなかった人生」。それはすべての人に存在しているのだと書かれています。

そして「使われなかった人生」を考えることは「ありえたかもしれない人生」を考えるより建設的だと。

これを読んでから、私たちは「使われなかった人生」の影と一緒に、人生を歩んでいるのかもしれないと、考えるようになりました。

さて「使ってしまった人生」で大きなリスクを背負い、一生苦しまなければならないとしたら？

それを問いかけるような一冊『ひとりの双子』（ブリット・ベネット著）。

黒人に生まれながらも、一見白人に見えるくらいの白い皮膚を持つ双子の姉妹デジレーとステラ。彼女たちが生まれたのは、地図にものらないようなアメリカ南部の小さな町。

そこでは彼女たちだけではなく、肌の色の薄い黒人ばかりが暮らしています。そんないささか特異で、退屈な田舎町から、逃げ出した彼女たちのそれぞれの運命を交互にたどることで、物語は展開していきます。

ステラは禁じ手ともいえる人生を使ってしまい、パッシング（黒人でありながら白人になりすまして生きている人）として人生を歩むことを選びます。そして過去の自分の存在を完全に消してしまうのです。

もちろんそんな人生には大きな代償がつきもの。夢見ていたような生活を手に入れたものの、夫や周りに嘘がばれることに日々怯《おび》え、ひとり娘とは心が通い合うこともなく、殻に閉じこもった孤独な人生を歩んでいきます。

『ひとりの双子』
ブリット・ベネット著
友廣純訳
早川書房

一方、姉のデジレーは、自分に与えられた人生を、今一度使う覚悟で、憎んでいたはずの生まれ故郷に舞い戻ってくるのです。〝青っぽく見えるくらいの黒い〟娘を連れて。

この本には人種差別のみならず人種内差別、そしてトランスセクシュアルの話までが絡み、それぞれが複雑な悩みや葛藤を抱えている人たちが登場します。本来なら使われなかった人生に飛び込む人、今使っている人生の中に救いを求める人。それぞれの想いを読んでいくうち、小説であるということを、忘れてしまうくらい感情移入してしまうのです。

使うはずのなかった人生を歩んだとしても幸福なゴールだけが用意されていることはないのでしょう。そんな当たり前のことをこの本は嫌というほどわからせてくれます。

使われなかった人生に、ときに想いを馳《は》せつつも、今使っている人生を慈しむ、そうありたいと切に願います。私たちの歩む人生の影が、使われなかった人生だとしたら、今があってこそ、それは存在するのだから。

ある画家の作品と対峙するとき

大好きな画家のひとりであるニコラ・ド・スタール。日本では作品を目にする機会は少なく、ごくたまに美術館で出会うと、その前で動けなくなってしまいます。ド・スタール作品の前で石像のようになっている人を見かけたら私だと思ってください。

彼の作風は抽象と具象のちょうど間といった感じでしょうか。風景画そして静物画、どちらにも、そこはかとなく寂寥感が漂っていて、眺めているうちに、自らの心の深淵をのぞき込むような感じになってきます。

彼の作品といえば、くぐもったグレーやブルーをすぐに思い出すのだけれど、明るい色を使っている作品でもそれは同じこと。絵の中にどうしようもない哀しさや、やるせなさが存在しているように思えるのです。

それは絵と対峙《たいじ》する度に、自死という形で、この世を去った作家の人生が、頭をよぎるからかもしれません。

ド・スタール作品といえば、必ず私の脳裏に浮かぶのが、藤原新也氏のあるエッセイ。それを初めて読んだのは大昔の新聞上でした。

数年前に、そのエッセイに加筆されたものが、『コスモスの影にはいつも誰かが隠れている』（藤原新也著）の中に「夏のかたみ」というタイトルで、おさめられているのを見つけました。


美術大生だった藤原氏がある会社で壁紙のデザインのアルバイトをしていた際に出会った企画室長のある男性。

藤原氏のデザインは個性的かつ変わったものばかりで、ほとんど製品化されることはなかったけれど、その男性は藤原氏の自由な発想を楽しんでいるようだったとあります。

そして当時は藤原氏の周りでも、あまり知る人のいなかったド・スタール作品のこともその男性は知っており、よく話に上っていたそうです。

「ド・スタールのような壁紙があってもいいと思うんです。ひとつ描いてみてくれませんか」。それがふたりが交わした仕事上の最後のやり取り。「寂しすぎますよ」と答える藤原氏に男性はこう言ったそうです。

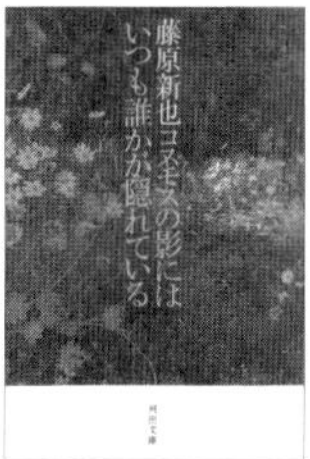

『コスモスの影には
いつも誰かが
隠れている』
藤原新也著
河出文庫

「いや、寂しい人は寂しい絵を見て、そこに自分の心を見て癒《いや》されるのです」と。

その後、藤原氏は長い旅に出て、男性とはすっかり疎遠になってしまいます。そんなある日、その男性がロッキー山脈である女性と共に白骨化した遺体となって発見されたことを知るのです。

さらに数年後。藤原氏は仕事でロッキー山脈を車で走っていたときに亡くなった男性を思い出します。車を停め、道路わきの草地で摘んだ棘《いばら》を死んだ男性にたむけ、車に乗り込もうと後ろを振り返ると、そこでまさにド・スタールの絵のような光景を見つけるのです。

本の方にはないのですが、読んだときに感情が激しくゆさぶられた箇所が、新聞ではこの後に続いていました。

ド・スタールの絵に似ているとはっとした、その記述の後に〝完璧な死だ〟※と続いているのです。

なぜこの部分が削られたのかはわかりませんが、私は30年間その表現を忘

※1993年朝日新聞夕刊に掲載された文章より

れることはありませんでした。「完璧な死」、その言葉がずっと脳裏から離れないことが、ド・スタール作品を見る際の、感情に影響しているとさえ思うのです。

もしド・スタール作品を手に入れることができたら？　と妄想してみるも、決して一緒には暮らせないと思います。大好きだけれど、見る度に深い深い海の底に沈んでいきそう。

美術館でたまに会うだけで十分。そして絵の前で過ごす時間に、毎回そのエッセイを思い出し、「完璧な死」と心の中で呟くことが、ド・スタール作品を前にしたときの私の約束事となっているのです。

AIロボットとの生活を夢見ても

どこか遠い未来のものといった感じがあったAIという言葉。しかし、ここ数年、それは現実味のあるリアルな存在へと変わってきました。身近なところではニュース。「AI自動音声でお伝えしています」と、テロップが流れるけれど、聞こえてくるのは、紛れもなく人間の声。それを普通に聞き流している自分が、ちょっと怖くなることもあります。

この先、この流れはさらに加速度を増し、ごく当たり前のことになっていくのでしょう。

AIロボットに人が求めるもの。それは限りなくあります。最近では、将来の介護はAIロボットにお願いしたいねと、友人たちと冗談めいて話したりするけれど、かなり本気です。

優しくて感じが良くて、きびきびしたロボットたちが、甲斐甲斐しくお世話をしてくれたら楽しいのに……などと想像するのは私だけではないはず。

そんないささか自分勝手で、夢見がち、かつ希望的観測の、AIロボットの登場を心待ちにする一方、どこまで感情（のようなもの）を持つことができるのか、人間の力で制御が及ばなくなったら、などと多くの方が思われていることでしょう。

そしていちばん待ち望んでいるようでいて、天に唾を吐くような恐ろしいこと。それは身代わりをつくってしまうことかもしれません。つまりクローンです。

『カゲロボ』（木皿泉著）は、学校や職場といった身の回りにいるらしいロボットの話。ただそれは都市伝説のように「カゲロボっているらしい」のレベルで、本当にいるかどうかはどの話でも、煙《けむ》に巻かれた感じで終わります。

それまで読んできた木皿泉氏の作品は、心に優しくキュンと響いて、ほんわりしていて、泣きそうになる寸前で、ぐいっと希望の光がさす感じ。心をデトックスしたい、そんなときに迷わず本棚から選ぶのは木皿作品です。

『カゲロボ』
木皿泉著
新潮社

それらとは違い、カゲロボ全編には、一貫してどこか不穏な空気が漂います。

その中でロボットの存在がしっかり描かれているのが「かお」という話です。離婚直前の夫婦が、愛する娘ミカをどちらが引き取るかともめた末、もうひとりのミカをつくるのです。そのときには最良に思われた解決法は、後にその夫婦を苦しめることになります。何より深く傷つくのはミカなのだけれど。

私の中でこの本とつながった一冊があります。『クララとお日さま』（カズオ・イシグロ著）では、心優しきＡＩロボット・クララが主人公。携帯電話ショップのように普通にロボットが店に並ぶ近未来。そこでは新機種のロボットたちがまさに携帯電話のように売られています。

物語の冒頭から思い出すのは、同じくイシグロ氏の『わたしを離さないで』。臓器を提供するためだけに、クローン人間として生まれてきた子どもたちが暮らす施設を舞台に、イシグロ氏特有の一人称で語られる小説です。謎に満ち、最初は舞台設定がなんなのか、戸惑う感じも似ている気がして、こちら

『クララとお日さま』
カズオ・イシグロ著
土屋政雄訳
早川書房

にもまた不穏な空気が漂っています。

けれど主人公であるロボットのクララはひたすら優しく健気《けなげ》。自分を選んでくれた病弱な少女ジョジーに忠誠を尽くし、限りない優しさを注ぐのです。

「もう絶対感情あるやん、クララって」と途中から泣けてきます。

そして、この話の中でもジョジーのクローンをつくる計画が、母親によって進められているのです。

この二つの物語に共通しているのは、人間ではないロボットに、人間の大切さを教えてもらっていること。

自身の任務をまっとうしたら後は老後の引退生活を送るかのように、そっと消えていく。それは人間にとっては好都合なことなのかもしれません。


身代わりのロボットを泣きながら背負ったミカも、クララを親友としていたジョジーもいつかはそれら（彼女たち）の存在を忘れてしまうのでしょう。

昔、大切にしていたぬいぐるみとの思い出と同じように、時折ふと思い出すことがある、といった感じで、彼女たちの心の奥の方に、小さくしまい込まれるだけかもしれません。

二つの物語に出てくる、架空のＡＩロボットの最後に、しんみり悲しくなっているようでは、介護ロボットにも心を寄せすぎてしまうかも。人間に対するのと同じ接し方をしてしまい、「あれ？　これってどこまで感じてる？」などと、あれこれ考えすぎて、介護を受けつつぐったりしていそう。

ＡＩロボットが感情を持つ問題以前に、私が彼らを人間と認めてしまって、結局気をつかう展開が目に見えています。

気ぃつかいぃ（関西弁で気をつかいすぎること）で人情派の私には、やはり無理かも。ＡＩロボットさんたちとの暮らし。

勝手に三部作

私が「勝手に三部作」と名付けた三冊があります。

共通するのは戦争、冷戦といった過酷な状況の中で、本を守り、本の力を信じた女性たちの話であること。そしてもう一つ、いずれも歴史的事実を基に生まれた小説なのです。

それぞれのあらすじを、かいつまんで紹介しますが、「うむ、三部作。なるほど」と、うっすら同意していただけるのでは？　とこれまた勝手に思っています。

まずは『アウシュヴィッツの図書係』（アントニオ・G・イトゥルベ著）。

正直なところ、アウシュヴィッツの文字を見ると、辛くて心が拒絶反応を起こしてしまいます。どうしてもそこで起きた悲劇に目を覆ってしまう自分がいるのです。

『アウシュヴィッツの図書係』
アントニオ・G・イトゥルベ著
小原京子訳
集英社

けれど、時折勇気を振り絞ってそれらを読むことがあります。そうすることは、私たちそれぞれに課せられた、かすかで小さな任務だと思うから。

強制収容所に入れられた14歳のディタは八冊だけの秘密の〝図書館〟の図書係に指名されます。

本の所持が禁じられている状況下で、彼女は命をかけて八冊を守り抜くのです。

ぼろぼろになったこれらの本は絶望しかない収容所生活の中、人としての尊厳を守ってくれ、ほんの少しの希望を与えてくれます。

その存在は、特に子どもたちにとって、どれほど大切であったかは、この一節でわかります。

並べられた本が小さな列になった。奥ゆかしい古参兵のパレードだ。この何か月か、何百人もの子どもたちが世界中を旅行し、歴史に触れ、数学を勉強するのを助けてくれた本たち。フィクションの世界に誘い込み、子どもたちの人生を何倍にも広げてくれた。

二冊目は『あの図書館の彼女たち』(ジャネット・スケスリン・チャールズ著)。こちらも同じくナチス占領下のパリでの本をめぐる物語。

憧れのアメリカ図書館の司書に採用されるオディール。しかしドイツとの開戦により暗い影が忍び寄ります。

そんな中ユダヤ人の利用者に秘密裏に本を貸し出すサービスを始めるのです。

こちらもまさに命がけで愛する本のために奔走する、といった展開ではあるのですが、戦争がもたらす人間の闇みたいなものが、あぶり出されるある事件が起きます。

その事件の顚末《てんまつ》が、40年後のアメリカで引き続き、軸となって物語が進んでいくのです。

本の中での象徴的なやり取りがずっと心に残っています。

『あの図書館の彼女たち』
ジャネット・スケスリン・チャールズ著
髙山祥子訳
東京創元社

「ひとは読むものよ」女性館長は言った。「戦争であろうとなかろうとね」

三冊目は時代が少し進み、冷戦下が舞台の『あの本は読まれているか』(ラーラ・プレスコット著)。

当時共産圏では禁書となっていた『ドクトル・ジバゴ』をソ連国民の手に渡し、言論統制や検閲で迫害を行っているソ連の現状を知らしめようとした作戦。このドクトル・ジバゴ作戦はCIAが本当に行った戦略の一つなんだとか。

主人公はスパイの才能を見込まれて訓練を受けることになった、ロシア移民の娘であるイリーナ。

『ドクトル・ジバゴ』が書かれていたソ連での場面を東、そして本が出版されて以降のアメリカでの場面を西という、まさに冷戦下を表す表現で、交互に展開していくスタイルも、物語をさらに臨場感あふれるものにしていきます。そこにイリーナの恋愛話も織り込まれ、読み応え十分の一冊です。

ときに、本は武器よりも強力に国家を揺るがすことができるのですね。

『あの本は読まれているか』
ラーラ・プレスコット著
吉澤康子訳
東京創元社

この三冊はいつの時代でも、本は人々に寄り添い、私たちは本を頼りに生きているのだと教えてくれます。

本は私たちの行く道を照らしてくれる道標。どこかで歯車が狂い、日々の生活から好きな本を選び、読むという行為が奪われてしまったらと考えると、恐怖でぞっとします。

多くの戦争や紛争もいちばん初めは本を含め言論の自由が奪われることから始まるのですから。


こんな風に、本棚にある本にそれぞれの関連性を見つけたり、親しい友人に薦めるならどういう組み合わせにする？　などと、あれこれ想像してみたりするのも、読書遊びの一つ。

ミステリーと絵本、時代小説と翻訳小説、漫画と自己啓発本といった、意外な組み合わせも楽しいかもしれません。

さて、次なる「勝手に三部作」に想いを馳せることにしましょうか。

私も手袋を探し続けます！

私にとって二大ファッションアイコンはジョン・F・ケネディ・ジュニアの妻であったキャロリン・ベセット＝ケネディ。そしてファッションにとどまらず全方向的に素敵な存在だった向田邦子氏です。

と、ここまで書いてふと気づきました。おふたり共、飛行機事故でこの世を去っていたという悲しい共通項に。

もし存命であれば、おふたりはどんな洋服に身を包み、どんなファッションを楽しんでいたのだろうと、今も時折想像します。

けれどこの世を去ったときと、さほど変わっていないのだろうと思うのです。それほど確立したスタイルを持っていたおふたりだから。自分を知り尽くした、彼女たちのシンプルな装いは、今見ても新鮮に感じます。

キャロリン氏の様子は、残されている写真でしか、うかがい知ることができないけれど、向田氏はお姿のお写真だけでなく、書かれた本の中で、その世界観を存分に味わうことができます。

放送作家としての一流の仕事ぶりのみならず、衣食住のセンスも抜群だった向田氏。

向田氏と聞くと、美味しいお酒のあてをパパッとつくる料理上手な女性、その審美眼を通して買い求めた骨董の器を、惜しげもなく日常使いするカッコいい女性、キリッとしたお洒落な女性、そんなイメージが頭の中に瞬時に浮かんできます。

さらに付け加えると、酸いも甘いもかみ分けるような大人の女性。亡くなられた向田氏の歳に、自分が到達したときには、まだまだ大人からほど遠い自分を恥じたものです。


そんな大人女性の代表のようだった、氏のエッセイや短編小説を読むと、心がざわざわと、かき乱されることがあります。なぜならあまりにシニカルかつ冷静に人を観察していて、女性の知られたくない本音の部分なども、容赦なくあぶり出されているから。

そこで語られているのは、生きている時代が違えども、女性に限らず人間の本質は変わらない、という当たり前のこと。その愚かさ、傲慢さ、そして狡《ずる》さ、挙げるときりがありません。

この類まれなる人間洞察力があったからこそ、数々の名作ドラマを生み出すことができたのかと、納得するような鋭さにあふれています。

もし近くに向田氏のような人がいるとちょっと怖い。発する言葉の一言、何気ない所作の一つからすべてを見透かされるに違いありません。

『伯爵のお気に入り』(向田邦子著)の中にある「手袋をさがす」というエッセイが、ことさら私の心に突き刺さっています。他の向田本にもおさめられている名エッセイなので、読まれた方も多いでしょう。

こだわりの強い向田氏が好みの手袋が見つからず、手袋なしで真冬を過ごすところから始まるこのお話。

向田氏はやっぱりお洒落だったのね、この先お眼鏡にかなう素敵な手袋を見つけたのかしら？　などと想像を膨らませながら読んでいくうち、手袋は氏の生き方のメタファーとして、読む者を導いていきます。

頑として手袋を買わない向田氏に、当時の上司がやんわりとしたお説教。

『伯爵のお気に入り』
向田邦子著
河出書房新社

「そんなことでは女の幸せを取り逃がすよ」

普通に結婚してそれなりの幸せを手にし、周りも納得の人生。妥協すれば(手ごろな手袋を手に入れるように)いいのだけれど、そうはできない向田氏の生きざまが、この手袋の一件に表されています。

その上司の一言がきっかけで、自身の短所ともいえる性格をすべて受け入れ、そのままの人生を生きていこうと決意する冬の夜。その描写はそのままドラマのワンシーンになりそうです。

このエッセイの最後の方にご自身たった一つの財産はいまだに「手袋をさがしている」こととあります。十分成功した時点でもそう言ってしまう向田氏。なんてカッコいいのでしょう!

このエッセイの中で見つけたご自身を評した、この一節も忘れることができません。すごくわかると、しみじみ感じたからです。

衣食住が自分なりの好みで満ち足りていないと、精神までいじけてさもしくなってしまう人間なのです。

日頃から私は〝何を選び取るか〟がそのまま生き方を反映し、その人がまとう空気感をつくるのだと信じています。

そして選ぶものがその人のひととなりを示すとしたら、遺したものにも私の魂が宿るということ。

そう考えると、残りの人生、身の丈に合った範囲で妥協することなく、自身の身の回りのものを選んでいきたいと思います。当然ながら、向田氏の世界と次元の違うレベルの話だけれど。

そしてそんな頑《かたく》なさをスタイルと呼ぶのだとしたら、私の探し求める手袋は自分のスタイルを貫くことなのかなと、このエッセイを読む度に思うのです。

文学少女が夢見た本を出すこと

縁あって奈良に暮らすようになり随分と経《た》ちますが、元々私は生粋の神戸っ子でした。神戸の中心近くで生まれ育ったため、街に点在する洋館や、坂の上から見える神戸港を眺めながら、いつも市バスに揺られていました。

小さいけれど、すべてがコンパクトにまとまった美しい街をとても愛していて、ここでずっと暮らしたいなあと、子ども心に思っていたものです。

手元に小さな私が母に見守られながら、旧居留地を駆けていく一枚の写真があります。郷愁に駆られる一方、それを見る度に心にちくりとした痛みを覚えるのです。それは震災によって、そのあたりの大好きだった多くの建物が消滅してしまったことを、思い出してしまうからなのでしょう。街が崩れたときに、思い出の一部も欠けてしまったような感覚が、いまだに拭えないでいるのです。

神戸の中でも旧居留地のある元町は私にとって特別な場所でした。洒落た街並みはもちろんのこと、もう一つの理由は大好きな丸善の存在があったから。今でもあの書店の独特の雰囲気をよく覚えています。一階の高級文具が並ぶコーナーを通り過ぎ、つんとした独特の匂いのする階段を上がり、お目あての児童文学書が並んでいる棚に向かいます。その棚で、数多くの翻訳もののの児童文学に出会いました。

ドリトル先生、くまのパディントン、メアリー・ポピンズ、それらは本を読むことの楽しさを、細胞レベルに沁《し》み込ませてくれたといっても過言ではありません。

可愛らしい挿絵に心惹かれ手にした『星の王子さま』だけは、大人になってから、初めてそのメッセージに気づくことになるのだけれど。

丸善が元町から姿を消してから月日は流れ、たまに前を通りすがっても、どのビルだったのかもわからなくなりました。

さて、そんな筋金入りの文学少女でしたが、本好きだから勉強好きという訳ではありません。全く勉強に身が入らない私に、母はいつも業を煮やしていました。

　そんなある日のこと、私の書いた作文をこっそり読んだそうです。そこは日頃の読書のお蔭でしょうか。意外にまともな文章が書かれていたらしく、こう思ったそうです。「この子は案外大丈夫かもしれない」と。

　母よ、娘はなんとか道を踏み外すことなく生きています。


　児童文学を早めに卒業してからは新潮文庫の翻訳もの小説に突入です。当時、それらの意味を真に理解していたかどうかはさておいて。

　はっきりとは覚えていませんが『風と共に去りぬ』（マーガレット・ミッチェル著）は中学生のときに読んだはず。夫であったレット・バトラーが去り、その存在の大切さに気づく最後のシーン。そこでスカーレットが独りごちる「あした考えればいいのよ」というセリフは、今でも悩み事や考え事で夜眠れないときに頭に浮かびます。

　十代初めに出会った言葉に何十年も励まされるなんて、ずいぶんと得した気分です。早いうちに本の中に心打つ言葉を見つけることで、後々ずっと救われることもあるのですから。

『風と共に去りぬ』
マーガレット・ミッチェル著
鴻巣友季子訳
新潮文庫

大人になっても変わらず読書する日々。もちろんずっと読む側の立場でいるはずでした。しかし、アートとインテリアの仕事に情熱を傾けていくうちに、自分でも本を出したいという気持ちが、日に日に膨らんできたのです。私の想いをたくさんの方に届けたいとの一心で。

出版に向けて日々奔走しつつ、一方で妄想大事、言霊《ことだま》大事とばかりに「本を出したい！」と、言い続けることも怠りませんでした。しかし、自慢の妄想力をもってしても、どの出版社にも相手にされることなく撃沈続き。

出版業界の不況が叫ばれる中、どんなに伝えたいことがあったとしても、本を出すことができる人などほんの一握りです。その現実を思い知ったとき、それまで私の人生を明るく照らし、導いてくれた本の世界が真逆の存在となり、厳しい現実を突きつけられたようでした。

そしてスカーレットをはじめとする、今まで読んできた本の主人公の言葉も、空《むな》しく感じてしまうほどに落ち込みました。出版という、自分には大それた本への片思いは、成就することはないのだと悟ったのです。

すっかりあきらめていた頃、あることがきっかけで、出版に向けて歯車がかみ合うように動き出したときに、こう思いました。うまくいかなかった数年は「簡単に本を出せるなんて思い上がりもいいところ。今まで読んできた本に失礼だ」と、本の神様から与えられた準備期間だったのだと。

二冊目の本が出版されて一年後、とある小さな本屋さんからトークイベントの依頼がありました。今はなき元町の丸善からほど近い場所にある小さな書店です。

特別な想いで迎えた当日、私は懐かしさと本への愛で胸をいっぱいにしながら、生まれ育った場所で著作本の話ができる喜びをかみしめていました。ずっと本を心の支えにしていた自分が、今度は本を送り出す立場になった奇跡に、改めて感謝しつつ、心の中で呟いたのです。

「ありがとう元町、ありがとう丸善、ありがとう本の神様」

奈良を訪れるならば

奈良を訪れる予定の方から、お薦めスポットを訊かれた際に必ず答えるのが、唐招提寺と志賀直哉旧居。もちろん他にも素晴らしい場所はあるけれど、限られた時間を過ごすとなれば、この二か所は絶対に外せない。

世界遺産の唐招提寺の素晴らしさについては言わずもがな。けれど志賀直哉旧居となると、意外にその存在をご存じない方もおられるのです。

奈良公園近くに位置する高畑町《たかばたけちょう》は、それは趣のある美しい界隈です。そこにあるのが志賀直哉旧居。場所選定からして志賀先生、さすがです。そして、この素晴らしい邸宅の設計も、志賀先生自ら手掛けたというのですから驚いてしまいます。

『随筆 衣食住』(志賀直哉著)という一冊の随筆集があります。残念なが

『新装版 随筆 衣食住』
志賀直哉著
三月書房
(在庫切れ)

ら絶版のようで、最初はある方にお借りして、その後どうしても手元に置いておきたくなり、古本を求めました。

ただ、このタイトルに興味をひかれ読んでいくと、期待していた内容とは少し違うかもしれません。

「衣食住」のタイトルに落ち着いたのは、志賀氏らしくない意外性が、かえって面白く思ったからなのだと、編集に携わられた文芸評論家、大河内昭爾氏のあとがきにありました。

それさえ最初に知っておけば、衣食住の話がいつ出てくるのだろうと、やきもきせずに読み進めることができます。

随筆には日常の細やかな風景が綴られたものあり、当時の文壇の人間模様をうかがい知ることができるものあり、ときに話は絵画や東洋美術にまで及びます。これらを読むと、なるほど作家として、ひとりの人間として、生活全般に広く目を向けているからこそ、あのような素晴らしい邸宅をつくり上げたのだと納得です。

そうなると、やはり衣食住というタイトルはぴったりかも、と思えてきます。

けれど私の仕事柄、いちばん興味深く読んだのはやはり「衣食住」、そして「今度のすまい」の二つの随筆でした。

特に「衣食住」の中に書かれている内容は、背筋がしゃんと伸びる気持ちになります。それはこんな書き出しで始まるのです。

私は前から、小説家は衣食住に興味のある方がいいという考えを持っている。それはその人の作品に一種の色彩となって現われるからである。

これは小説家のみならず、ものを生み出す仕事をしている人々には、共通する感じがします。もちろんそんなものに一切興味はないけれど、とてつもない傑作をつくり出しているケースもあるのでしょうが。

この書き出しの後に、「衣食住」それぞれに対する志賀先生の信条が語られています。

まずは「衣」について。着物の調和の感覚、つまり色や柄のコーディネートについては一朝一夕で養われるのではなく、小さな頃からその気でいて少しずつわかってくるものだ。

そして、高価なものを買えばよい訳ではない、流行に踊らされることなかれ、と続くのです。ふむふむ、納得。

「食」についてはさらに手厳しい。私はこの箇所で背筋が伸びるのを通り越し、ぶるっとなりました。

私が一番不愉快に思うのは一寸気をつければうまくなる材料を不親切と骨惜みから不味いものにして出される時である。

心して台所に立つようにします。でも忙しいときにはごめんなさい、となぜか謝りつつ最後の「住」にいきましょう。

「住」については、自分たちの住むもの、客に見せるためのものではない、と言い切っておられます。

この随筆が書かれたときには、谷口吉郎氏設計による住居に住まわれていたようで、谷口吉郎君に建ててもらった家に大変満足していると締めくくっておられます。

自らも素晴らしい住まいを設計してしまうようなクライアントの要望を受け、谷口吉郎氏は、どんな思いで仕事に取り組んだのでしょうか？

そのあたりのやり取りは「今度のすまい」の中でこんな風に書かれていました。

「全く洒落気《しゃれっけ》のない、丈夫で、便利な家《うち》を作るとして、坪、幾ら位かかりますか」と、志賀先生は谷口先生に訊いたそうです。

それに対して洒落てはいけないと言われて、いい家を建てるのはいちばん難しいと、谷口先生は返したのだとか。

う～ん、この巨匠同士の会話、ライブで聴いてみたくなります。はたで聴いている分には、さぞや楽しかろうと。

しかし、元インテリアコーディネーターとしては、どうしても感情移入してしまうもの。こんな厳しいクライアントの担当になったら、と想像するだけで冷や汗が出てきます。

直接的な衣食住の話は少ないけれど、日常の些細《ささい》な風景を拾い上げる感性が詰まったこの随筆を読むうちに、なるほど衣食住とはその延長上にあるのだと思えてくるのです。

鋭い洞察力の先に衣食住があるのか、妥協のない衣食住の先に洞察力が磨かれるのか？　こうなってくると凡人の私にはわかるはずもありません。

しかし、この短いエッセイには私たちにとって、日常の生活の指針となるものが詰まっています。

折りに触れて読み返し、衣食住の基本に立ち返りたいと思います。

縁を切ることはケリをつけること？

いつも不思議に思うのが「ご縁」と「縁」の境目です。縁をポジティブにとらえるときには「ご縁に恵まれる」「ご縁がつながる」と〝ご〟がつくのに、ネガティブな表現のときには〝ご〟は見事に省かれるのですね。「縁を切る」「縁がなかった」といった具合に。実に人は身勝手だと苦笑い。

インテリアコーディネーター時代、暗黒の時期が数年続いたことがあります。お客様へのつくり笑い以外、職場で笑うこともなく、形相《ぎょうそう》まで変わっていた日々。そんな鬱々としたある日のこと、京都を歩いていると縁切り寺が目の前に現れたのです。当時、私にはストレスの元凶ともいえる天敵がおりました（今からすれば、向こうも私のことが、大嫌いだったと思うけれど）。

「おお！　縁切り寺！　これは天敵との縁を切ってもらうべくお詣《まい》りせね

ば」とふらふらと境内へ。しかしお堂の中に入った途端、そのおどろおどろしい光景にたじろぎました。「あやつを転勤させてくれ！」レベルの軽々しい気持ちで訪れる場所ではないと、背筋が寒くなったことをよく覚えています。

『わたしの美しい庭』（凪良ゆう著）に登場する縁切り神社は、その名とはうらはらにのんびりとした温かい場所。

凪良氏の作品には血縁に関係なく、けれど深い根っこの部分で、血を超えたつながりがある、そんな緩やかな融合体といった家族（のような）がよく登場します。この本に出てくる三人もそんな感じ。そして彼らが住むマンションの屋上には、小さな縁切り神社があるのです。

そこにはよく手入れされた屋上庭園があり、近所の人が憩う場所でもあります。私が訪れた縁切り寺の光景とはずいぶん異なるなあ。

もちろん形代《かたしろ》に書き込みをして、お払い箱に入れることもできます。縁切り神社だから。ただ、あまりドロッとしていないのです。

むしろ登場人物たちに至っては、それぞれ縁切り神社に頼らず、自分の中で個々の悩みにケリをつけてる感じ。それがなんだかとてもいいのです。

『わたしの美しい庭』
凪良ゆう著
ポプラ社

私は、というとその数年間、自分の中でケリをつけることが全然できませんでした。なんらかの状況が変わり、嫌いな人、苦手な人との縁が切れたら仕事だってうまくいく、なんて思っていたのです。

けれど他力本願的縁切りを願っていても、メンタルはさらに悪化するばかり。しかし、そんなどんよりとした日々を過ごすうちに、元々好きだったアートに心を救われるようになりました。

そしてインテリアからアートの仕事にシフトチェンジする決断をしたあたりから、自分の中で、かちりと何かにスイッチが入ったのです。その瞬間、私は苦手な人と縁を切ることに成功したのだと確信しました。縁切りとは、自分自身の中でケリをつけることなんだと、そのとき悟った気がします。

振り返れば、その暗黒時代にアートを住空間に取り入れる仕事を思いついた訳で、今となってはその天敵さんにも感謝したりなんかして。もしかすると、じわっと縁切り寺の御利益があったのかもしれません。

生きている限り、人との縁は続くもの。新たにつながる縁もあれば、悲しいけれどもう自分には必要のない縁も生まれます。

自分でハンドリングできる縁は限られていて、たくさんの縁を持ち、増やし続けていくことは困難。少なくとも私にとっては。そう考えると、なおさら〝ご〟のつく縁だけを大切に過ごしていきたいものです。

この本の中で主人公がこう語ります。

――世の中には、いろんな人がいるんだよ。自分の陣地が一番広くて、たくさん人もいて、世界の中心だと思っていたり、そこからはみ出す人たちのことを変な人だと決めつける人たち。わかりやすくひどいことをしてくるなら戦うこともできるけれど、中には笑顔で見下したり、心配顔でおもしろがる人もいる――。

こういう人たちとは即縁切りですね（笑）。

コーヒーをめぐる風景

昔、神戸・北野町に、小さなギャラリーを併設したそれは素敵なカフェがありました。高校生だった私が足を踏み入れるには、ほんの少し勇気が必要だったけれど、背伸びして度々訪れたものでした。大人たちがつくり上げた洒落た雰囲気に呑まれつつ。

そして、そこで生涯忘れることのない一場面に出会ったのです。それは若い僧侶が窓際の席に座り、コーヒーを飲みながら、静かに本を読んでいる風景。真剣な面持ちで本に向かう彼の周りには、凛《りん》とした空気が漂い、透明なコクーンに包まれているようでした。その姿はコーヒーと読書の完璧なる組み合わせを見せてくれたのです。

以前、本とコーヒーの小さなイベントを開催したことがあります。ただ好きな本を語って、コーヒーを楽しむだけではつまらないと、ゲストに迎えたコーヒー店店主の中谷奨太氏に選書してもらい、それに対してアンサーブックを用意して話を進める形にしました。

例えば、中谷氏の選書『人はなぜ戦争をするのか?』(A・アインシュタイン/S・フロイト著)のアンサーブックに私が選んだのは、『1984年』『動物農場』(共にジョージ・オーウェル著)といった具合です。

当日はお互い3パターンの本を選び、イベントに臨みました。その結果、様々な話が行き交い、それは充実したトークを繰り広げることができたのです。世代も仕事の分野も違うふたりが、本を通じて真剣に語り合うなんて、読書の醍醐味と言わずしてなんというのでしょう。

空間にはコーヒーの香りが漂い、まさに本とコーヒーの完璧なるマリアージュといったところ。そんな中、印象的だったのが中谷氏からのある質問でした。それは氏の選書の中にあった『使いみちのない風景』をめぐる質問です。

本の中に、記憶には鮮やかに残っているのだけれど「そこから何も始まらない、どこにも結び付いていかない、何も語りかけない、ただの風景の断片」のことを村上氏が「使いみちのない風景」と呼んでいる一節があります。

そこから旅先での「使いみちのない風景」の話になったのですが、ふいに「奥

『使いみちのない風景』
村上春樹=文
稲越功一=写真
中公文庫

村さんにとっての旅先での使いみちのない風景はなんですか?」と問いかけられたのです。

　突然のことだったのでしばらく考える時間が必要でした。けれどコーヒーの香りに誘われるように、今も時折ふと思い出す風景が蘇ってきたのです。厳密にいうと私は見ていない風景のことが。

　仕事仲間とふたりで訪れたニューヨークの近代美術館でのこと。アート鑑賞に疲れ果てた私たちは、カフェでコーヒーを飲んでいました。そのとき突然、ひとりの男性から私たちの写真を撮っていいかと、話しかけられたのです。なんのことかわからず理由を尋ねると、「壁に飾られているモノクロの写真作品と、ふたりの黒い髪と瞳がとても合っているんだ」と返ってきました。そう言われてみると、黒い髪のふたりとモノクロ写真の構図はなかなかに素敵です。思わず感心して撮影を承諾しました。

　何枚かシャッターを切った後「すごくいいのが撮れたと思うよ」と言い残し、男性は満足げに立ち去っていきました。その頃はデジタルカメラもスマホもない時代。彼がおさめた写真を私たちは見ることができず、彼だけの風景として残っていったのです。

けれど不思議なことに、自分たちのことを俯瞰《ふかん》して見ている私がそこに確かにいて、その風景をリアルに覚えています。「壁にかかる黒いフレームに入ったモノクロ写真を挟むふたりの黒髪の女性。そしてテーブルの上には、白のコーヒーカップ」。そこにある話はそれだけ。そこから何にもつながっていかない、まさにただの風景の断片です。

庄野雄治氏編の『コーヒーと短編』では日本の文豪たちの作品を中心にコーヒーによく合う短編が選ばれています。うち何編かは、番茶や日本酒片手にしっくりくるような風情の物語があるのだけれど、やっぱりコーヒー片手に読みたくなります。

それぞれに余韻が残る短編をすべて読み終えたときに、頭に浮かんだのは前述の二つのカフェでの出来事でした。コーヒーをめぐる、実際に見た風景と見なかった風景。長いときを超えても、それらはなお私の脳裏にありありと浮かぶのです。

『コーヒーと短編』
庄野雄治編
mille books（ミルブックス）

作家と同じ時代を生きる意味

　ずっと以前に西加奈子氏のインタビューを聴きながら、本とアート作品が私の中でしっかり結び付いた瞬間がありました。

　うろ覚えなので、表現が違っていたら申し訳ないのだけれど、作家をプロレスラーにたとえておられた記憶があります。

　プロレス界にすごい選手がたくさんいるように、本の世界にも才能あふれる作家が多く存在するのだと。もし自分の本が好きではない人がいたとしても、数多くの作家が自分の後ろに控えていて、ぜったい誰かの本は好きになるはず。確かそんな感じだったでしょうか。

　アート作品の表現も多岐にわたり、作家の数だけ制作のスタイルは存在します。

　もし私が心から良いと感じ、薦めたいと思うアート作品に、興味を持ってもらえなかったり、好みではなかったりしたとしても、他にも数多の作家たちが日々作品を生み出しています。

たとえ私が関わっていなかったとしても、ご自身の感性に訴えかけるアート作品に出会ってほしいなあ、そしてアートを遠い存在に思わないでほしいなあ、などといつも思っていることが、西氏のお話の内容と完璧に一致した気がしたのです。

他にも本とアート作品の類似性は数多くあります。それはどちらの世界にも物故作家がいて、時代を超えた作品の素晴らしさを私たちが享受できるということ。その一方、今の時代を生きている作家の作品に触れ、新たに生まれる作品をリアルタイムで楽しむことができる点です。

冒頭の西氏の本もずっと読んでいますが、その小説やエッセイの内容が変化していくのを、同じ時代に生きる読者のひとりとして、感じることができるのも楽しいものです。

瑞々《みずみず》しい感性にあふれている初期の作品の数々も大好きだけれど、直木賞受賞作の『サラバ!』は特に心に残っています。

『サラバ!』
西加奈子著
小学館文庫

父親の赴任先のイランで生まれた主人公、歩《あゆむ》の半生を、ときにはらはらしながら見守っているように読んだこの小説。物語が終わってほしくないような、ずっと読んでいたいような気持ちになり、でも結末を知りたくて読み急ぎ、上中下巻をあっという間に読んでしまいました。

『サラバ!』から何年も経って書かれた『夜が明ける』では貧困・虐待・過重労働問題などにがっぷり四つに組んでいて、最後まで辛い気持ちは晴れることなく、そのままラストへ。

タイトルとは真逆に、読み終えると「明けへんやん」と、どんより突っ込みたくなるような、救いようのない印象が残ります。

最初の頃の作品とはずいぶん違う印象だけど、その変化がとてつもなくすごいなあと思うのです。

西氏のエッセイも同じく、氏の人生の流れと共にずいぶんと変わった印象。当然と言えば当然だけど。

作家デビューして数年後の『この話、続けてもいいですか。』では、若さゆえのはっちゃけた感じと、エネルギーあふれる才能の塊が、作家人生をこ

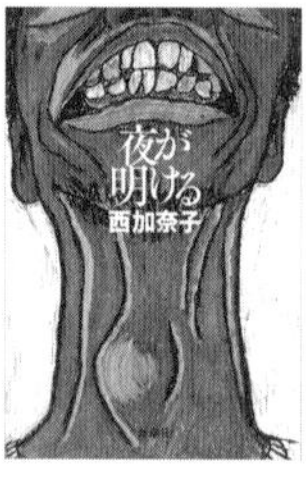

『夜が明ける』
西加奈子著
新潮社

『この話、続けてもいいですか。』
西加奈子著
ちくま文庫

れからばく進していく様が、その私生活から見受けられます。

ちなみにこのエッセイ、捧腹絶倒の四文字熟語が相応《ふさわ》しく、私の中では「電車でぜったい読んではいけない本」の一位を長らく獲得していました。

ごはんをめぐる楽しい話がたくさん詰まった『ごはんぐるり』も、大好きな一冊。

しかしときを経て、カナダでの闘病を綴った『くもをさがす』では一転。辛い現実に目を背けることなく、その上で心の動きや不安も十分にさらけ出しながら、自らの闘病を克明に記していて、作家としての生きざまに圧倒される思いでした。


こんな風に、作家の人生のありようと共に変化しつつ、次のステージに進んでいく作品を読むことができるのは、同じ時代を生きているから。それって素晴らしいと思いませんか?

もちろん発表される中には好みでない本もありますが、ずっとひとりの作家の本を読み続けるというのはそういうことなんだと思うのです。

アート作品も同じで、ずっと追っている作家が、様々なチャレンジをし、作風が変わっていく過程を見るのは本当に楽しいこと。本と同じく、「前の方が好きだな」なんてこともありますが、ある段階に到達した際に、変化することを恐れない作家を、私は心からリスペクトしているのです。

今の時代の作家の本を読む、そしてアート作品を見る。彼ら、彼女たちと一緒の時代を今、生きているんだ、そんな風に思うと、本を夢中で読んでいる時間、展覧会で作品に対峙するひととき、それらがとても大切な奇跡の瞬間に思えてくるのです。

関西弁を読むこと、書くこと

ある日の大阪は、デパ地下鮮魚売り場での出来事。魚を包んでもらうのを待っていると、隣にいた小柄な老齢のムッシュに話しかけられました。

「おねえちゃん、あれに似てるな！　あれや！　あれ！」

「はい？」

「天海祐希や！」

「えええ〜!?」

（一回も言われたことないっちゅうねん、おっちゃんより、頭一つ大きいだけやっちゅうねん）

と、心の中で突っ込みつつも、ずっとニコニコ対応。そんな私に気を良くしたムッシュは、小４レベルのボケを連発しながら、上機嫌で立ち去っていきました。

買った魚を置き忘れて。

こんな風景は私の経験のみならず、関西では割と普通のこと。

『じゃむパンの日』(赤染晶子著)の中には、そんな関西ならではの「クスッ」を通り越し、「グフフ」となってしまうエピソードによるエッセイが綴られています。

赤染氏が勤めていた仕事場で、通っていた教習所で、はたまた入院していた病院で。

よくもまあ、これほど面白い出来事が氏の周りに起こるものだと思いつつ、自分の経験と照らし合わせると「あるよね」と妙に納得。

このような本を読むと「ああ、関西人で本当に良かった」と心から思います。というのも、本の中にある言葉を、そのまま関西弁アクセントで、受け取ることができるのですもの。それゆえ、場面ごとの臨場感がより伝わってくる気がするのです。

そしてもう一つ、関西弁で書かれた本に存在する独特の「間」を感じ取れることもちょっと得した気分。

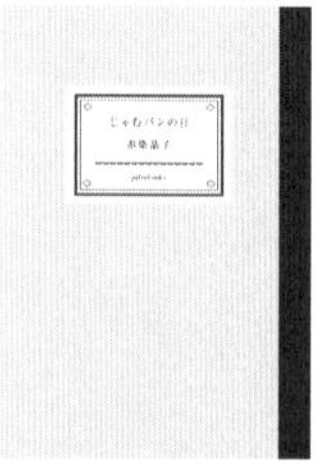

『じゃむパンの日』
赤染晶子著
palmbooks

この本では、登場人物の皆が、独自の「間」を存分に発揮していて、なんとも言えない可笑《おか》しさ、そしてときに哀しみを醸し出しているのです。翻訳本を原書で読める気分、と言ったら言い過ぎかもしれません。けれど行間にフワフワと漂う空気感、そしてそれらが生み出す感情の陰影。そんなものを感じることができるのは、関西弁ネイティブの特権だとさえ、思ってしまいます。

と、関西弁の「間」については重々わかっているものの、かねてから思っているのが、それを書くことで表現する難しさです。

どうやったらこの面白さが、会話している調子で伝わるのだろう？　どうやって書けば、空気感まで伝わるのだろう？　そんな風に、いつもあれこれ頭を悩ませます。

そのもやもやが、随筆「私の見た大阪及び大阪人」（谷崎潤一郎著）を読み、少しばかり解消した気がしました。

この中の大阪弁についての記述が、非常にわかりやすいのです。そこで例として挙げている、大阪弁の話は関西弁すべてに、共通しているように思い

「私の見た大阪及び大阪人」
（『陰翳礼讃　東京をおもう』内）
谷崎潤一郎著
中央公論新社
（現在品切れ・重版未定）

ます。
谷崎先生は以下のようなことを指摘しています。

例えば大阪では「てにをは」を使うことが少い。使っても東京ほど使い分けが神経質でない。これは適切な引例でないかも知れないが、東京語で「あたしは分らないわ」というのと、「あたしでは分らないわ」というのとは使う場合が違う。しかるに大阪ではそんな区別がなく、恐らく孰方《どっち》の場合にも「うち分れへん」というだけであろう。

他にもクォーテーションの後の「と」を省くのも特徴だとも書かれています。(「何々」と仰っしゃいました)は(「何々」いやはりましてん)といった具合に。
これを読んだときには、まさに膝を打つ思いでした。この「てにをは」や「と」を省く話し言葉をそのまま文章にするとなると、微妙なニュアンスを伝えるにはとても難しい。だから文章にするときに、いつも頭を悩ませていたのだ、と。

谷崎氏による昭和七年に書かれた随筆に日頃の疑問を解決してもらうとは、いやはや関西弁ネイティブとしては「うち恥ずかしい」。

谷崎先生の大阪弁講座は続きます。

大阪語には言葉と言葉との間に、此方が推量で情味を酌み取らなければならない隙間がある。東京語のように微細な感情の陰までも痒《かゆ》い所へ手の届くようにいい尽す訳に行かない。東京のおしゃべりは何処から何処まで満遍なく撫で廻すようにしゃべるが、大阪のは言葉数が多くても、その間にポツンポツン穴があいている。

この「穴」こそ「間」ではないかと、勝手な解釈をして、ひとりで深く頷《うなず》きます。読みながら、膝を叩《たた》いたり頷いたりと忙しい。

私のお勧めはこの谷崎氏の随筆を読んでから、改めて『じゃむパンの日』を読むこと。関西弁文法をロジカルに頭に叩き込んでから、この本を読むと、新たな発見があるかもしれません。

赤染氏は京都のご出身で、この本の中の舞台もほとんど京都のようですが、その「間」をくみ取るユニークな視点は京都弁でも大阪弁同様に伝わってきます。広くはすべて関西弁ですから。


さて、関西を舞台に数々の名作を残した谷崎氏ですが、この随筆には大阪だけでなく京都や阪神間を含めた関西（上方）上げ、下げが続くのです。読みながら「どっちやねん!?」となること必至。

関西に生まれ育ったものにとっては苦笑い、かつ「それは違うでしょ」と言いたくなるのだけれど、関西人たるもの「えらい言われようやわ〜」と、天国の谷崎先生に、やんわりお返ししたいと思います。

ミステリアスは無理だけど

目下のところ、私の最大のテーマは「いかに老いるか？」です。できればずっと小綺麗にしていたいし、良い香りのする人でいたいなあ。

歳を重ねた男性には「渋い」という最高の褒め言葉があるけれど、女性にその形容詞を当てはめるのは、ちょっと難しい気がします。渋い高齢女性も、いるにはいるのだろうけれど、褒め言葉としてはいささか微妙。

「カワイイおばあちゃん」という表現も褒め言葉なのかもしれませんが、それにはちょっと抗《あらが》ってみたい。私が思う老齢マダムへの褒め言葉は「シック」で「カッコいい」でしょうか？　そうそう「エレガント」もいいですね。そんな形容詞が似合うおばあちゃんになれたら最高です。

さてそこに「ミステリアス」という言葉が加わったらどうでしょう？

『日本人の恋びと』（イサベル・アジェンデ著）に登場するアルマは、まさ

『日本人の恋びと』
イサベル・アジェンデ著
木村裕美訳
河出書房新社

にミステリアスという表現がぴったりの老齢マダム。

サンフランシスコ郊外の老人ホームに暮らす八十代のアルマは、ナチスの迫害から逃れてきたポーランド系の移民女性。

そんな彼女の元には毎週のようにクチナシの花が届きます。それ以外にも黄色い封筒に入った謎の手紙に、お忍びの小旅行と匂わせ感満載。まさにミステリアスなマダムなのです！

ひょんなことからアルマの世話をすることになった若きイリーナ。彼女自身にも人に言えない過去があり、イリーナの秘密とアルマのそれが重なり合うように、物語は進んでいきます。

そして、イリーナはアルマの孫であるセツと共に、アルマの隠された過去に迫っていくことになるのです。謎が解き明かされるにつれ、若い頃のアルマの一途《いちず》で、深く強い愛を知るふたり。

物語冒頭「老いらくの恋の話かしら？」などと、思っていた私の浅い読みを詫《わ》びる展開です。

若いふたりがなぜこれほどまでにアルマという人間に惹かれ、過去を知りたい、謎に迫りたいと思うのか？　それはやはり彼女の存在自体がミステリアスだから。

さて私には長年お手本にしているマダムがいます。けれどその方のことは何も知らず、たった一度見かけただけ。

私がまだ十代後半だったときのこと。あるティールームに彼女はいました。歳の頃なら七十代後半、もしかすると八十代だったかもしれません。白髪をシニヨンにまとめ上げ、仕立ての良いスーツに身を包み、小柄だけれど、すっと背を伸ばしたその姿はとても美しく、私の目は釘付け。静かにお茶を飲んでいるその一挙一動を、遠くからずっと眺めていました。

チーズケーキで有名なそのお店で、マダムもそれをオーダーしていたのだけれど、一つは彼女に大きすぎたのでしょう。半分を紙ナプキンに包み、黒のシンプルなバッグの中にそっと忍ばせたのです。

一連の所作を見ながら「あ〜、なんてエレガント！」とうっとり。食べ物を無駄にしないところもとても素敵です。

「今夜、食後に紅茶と一緒に半分のチーズケーキを食べるのかしら？　もしかすると明日の朝にカフェ・オレと一緒に朝食代わりにするのかしら？」

と半分のチーズケーキから、あれこれ思いをめぐらせます。
そのうちマダムの住まいにまで想像は膨らみ、「きっと素敵な洋館、もしかすると立派な庭園のある日本家屋かな？　置いてある家具は……」などともう止まらない。

私にはミステリアスな要素は一切なく、おばあちゃんになっても、色恋沙汰でどなたかの想像を掻《か》き立てることはないはず。ミステリアスなおばあちゃんになるには、相当の数の輪廻《りんね》を繰り返さなければなりません。けれど「あのおばあちゃんの暮らしはきっとこんな感じかな？」なんて、日々の暮らしぶりを想像される歳の重ね方は、ちょっと素敵だなと思います。もちろんその場合は良い意味での暮らしぶりを想像してほしい訳だけど。「うわ、いったいどんな雑な生活をしてるのかしら？」ではなく（笑）。

女性の老い方は人それぞれ。自分なりの道標を頼りに、日々を過ごしていきたいと思います。
「ミステリアス」という言葉は私の人生には最初から存在しないけれど。

お宿のライブラリー考

もしお宿にあるライブラリーの選書をするなら？　そんなことをふと思いつき、自分の書棚から本を選んだことがあります。

というのも、私はホテルや旅館のライブラリーに、並々ならぬ興味があるからです。けれど、そんな人は少数派と思われ、本を熱心に選んでいる人と、お宿のライブラリーで一緒になったことはありません。

なんでだろう？　と原因を考えたところ、そこに並んでいる多くの本が〝見せ本〟になっているからではないか、という結論に達しました。

湯治で滞在しているならいざ知らず、一泊ないしは数日の滞在中に、そこまで長い本を読むことができる？　リラックスタイムにそんなに難解な本を読む？　といったセレクトのライブラリーが多いのは、気のせいではないはず。

さらに言えば、新たな本が加わった形跡がないライブラリーがほとんど。

それらを見ると、建物が完成したときに選ばれた本には一切触ってはいけない、といった暗黙の了解みたいなものが伝わってくるようで、息苦しくなってしまうのです。

以前、豊田市美術館（愛知県）を訪れた際、駅前でカウンター周りに書棚のあるコーヒースタンドに立ち寄りました。

その書棚はそのまま小さな本屋さん。そこで見つけたのが『本なんて読まなくたっていいのだけれど、』（幅允孝《はばよしたか》著）でした。

様々な場所で、魅力的な本棚を手掛けておられる氏の立ち位置からすれば、真逆的ともいえるこのタイトル。むむ、これは一捻《ひとひね》りあるなと、そっとページをめくると、そこにはタイトルに呼応するかのように「読んでみるのもいい。」とあり、思わずニヤリ。

どの章も本への愛があふれんばかりの一冊です。ちょうど美術館帰りということもあって、自身のアート愛と重ね、帰りの電車で読みふけりました。

そして本とアートを頭の中で置き換えてみたのです。

「アートなんて見なくたっていいのだけれど、」「見てみるのもいい。」

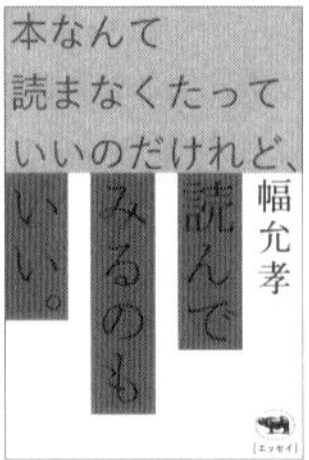

『本なんて読まなくたっていいのだけれど、』
幅允孝著
晶文社

さて、最初に触れたお宿のライブラリーにまつわる、もやっとした気持ちに、この本におさめられている「大きな図書館の中にある小さな図書館」という一編が答えてくれた気がします。

ここでは、氏が非常勤講師をなさっている愛知県立芸術大学での、あるワークショップについて書かれているのですが、その試みがたいそう面白いのです。

10万冊以上の蔵書がある図書館は氏の言葉を借りれば、宝の山。そのワークショップとは、そんなお宝の中から学生たちに本を選んでもらい、「ライブラリー in ライブラリー」をつくるというものでした。

その大きな特徴は最初にテーマを決めないこと。皆がそれぞれに紹介したい本を選び、そこから共通項を見出してライブラリーをつくり上げていくのです。

段ボール製の本棚に並ぶ、完成した三つの小さな図書館は、さぞや興味深くかつ楽しい空間だったことでしょう。

大きな図書館の最深部でうっすらとほこりを被って、誰かの好奇心を待っている本たち。そんな本をゆっくりとすくいあげ、ほこりを払い、丁寧に差し出す。(中略)香り立つ本棚をつくること。魅惑的な本棚からはいつだって好い匂いが放たれるものだ。

エッセイの中にあるこの部分を読んで、なるほどと思ったのです。素晴らしい本が並んでいるのに、つまらないと感じてしまうお宿のライブラリーからは、好い匂いが放たれていないのだ、と。

そしてもう一つ。私がいつもアートは生ものだと信じていることが、氏のこの言葉から自分の中でちょっと結び付いたのです。

アート作品も埃《ほこり》をかぶったまま、ずっと同じ場所に飾っていると、その価値にいつしか気づかなくなるもの。飾る場所や配置を変えることで周りの空気が変わり、作品たちの住まい手に向ける表情も生き生きとしてきます。

本やアートが私たちに及ぼす見えない力を引き出すには、積極的にそれらに働きかけなければいけないのだと、改めて感じたのです。

さて、私がお宿で手に取るとしたら、重量が適当で美しい写真集や、どのページから開いても読み始められるエッセイ集、そして食や旅をテーマにした本でしょうか。願わくは本の選び手のこだわりがばれないように（あったとしてもひっそりと）してほしいと思います。

たまに、本の場所や書棚のカテゴリーが変わっていたり、新刊本も加わっていたりと、新鮮な風が吹いていれば、なお嬉しい。そんな好い匂いがあたりに漂う書棚が理想です。

香り立つライブラリーがお宿に併設されていたならば、私はリピート客になることを約束します！

夢見るおじさんへのミステリー貸し出し便

忙しく殺伐とした日々でも、周りに本好き仲間がいると、ほんの少しだけ救われるときがあります。本の話は束《つか》の間の癒しをもたらしてくれるから。

お客様との打ち合わせや現場での打ち合わせが、私の日常をほぼ占めていたインテリアコーディネーター時代。あの頃インスタなるものがあったとしたら、いったい私は何を投稿していたかと、たまに想像しますが何も出てこない。

#理不尽なクレーム #胃が痛い #タイル欠品 #極寒上棟打ち合わせ #ホッカイロも凍る #猛暑上棟現場 #汗で眉毛ない

ハッシュタグはたくさん浮かぶのだけれど。

そんな日々が続いていたある日曜日のこと。営業マンもすべて出払い、事務所にいたのは営業所長と、デスクで見積もり作業か何かの仕事をしていた私のふたりだけ。

突然、怖い顔をして近づいてきたその上司から「奥村さん」と真剣な声で呼びかけられたのです。

「やだやだ、今度はどの物件のトラブル？」と全身硬直状態で怯えていると、彼の口から出てきたのはこの質問。

「今年のこのミス（『このミステリーがすごい！』）もう買った？」

「はい⁉」と、とりあえず答えた後、心の中で叫びました。「紛らわしいねん！」

少年のような発言の多さから、私が密《ひそ》かに〝夢見るおじさん〟と呼んでいたその上司は大の海外ミステリー好き。

同じく海外ミステリー好きの私と、時折本の貸し借りをしていて「このミス」も、当然ながらよく話題に上っていたのです。

ちなみに『このミステリーがすごい！』は1988年から発行されているガイドブック。その中で年間の国内編、海外編それぞれのミステリーベストテンが発表され、当然ながらリストに上ったミステリーにハズレはありません。

「数日前に本屋さんで並んでいたけどまだ買ってなくてさあ」と朗らかに

続けて言う上司。そんな話なら最初から明るく近づいてほしかった。

さて、翻訳もの、さらにはミステリーとなるとハードルが結構高いと仰る方は多いようです。

もちろん私もそうです。そのいちばんの理由は名前を覚えられないから。しょっちゅう本の最初に戻って登場人物を確認しながら読み進めています。

そんな面倒くささがあっても、やっぱり翻訳ミステリーが大好き。それは中学生のときにアガサ・クリスティやエラリー・クイーンなどを、読み漁《あさ》っていた名残なのかもしれません。

大人になってからは、犯罪種あかし系ミステリーから、小説とミステリーの境がほぼ感じられないようなものへと、その好みは変化していきました。

ミステリーなのに泣けちゃう、じんわりするといった人間愛がベースにあふれている作品が大好きなのです。そんな一冊に出会うと、今でも夢見るおじさんに本の貸し出し便を送りたくなるのです。

ふと当時のことを思い出しながら本棚から選んだ二冊のミステリー。

『われら闇より天を見る』（クリス・ウィタカー著）はドンピシャで私好みの一冊です。

アメリカ・カリフォルニア州の海沿いの街で、30年前にひとりの少女が命を落とした事件。そこから生まれる悲劇の連鎖の中、自分のことを無法者と呼ぶ少女ダッチェスが主人公。彼女は死んだ少女の姉の娘にあたります。

妹を亡くした悲劇からいまだ立ち直れない母親を支えながら、小さな弟を守るため懸命に頑張ってるんだけれど、どうにも不器用なダッチェス。

この姉弟にこれでもかと悲しい出来事が続きます。「お願い、もうこのふたりを悲しい目にあわせないで！　ほんの少しで良いから幸せにしてあげて！」

そんな読者の（というか私の）叫びも空しく容赦なく悲劇が襲うのです。けれど物語の終盤になるにつれて、やっと一筋の光が彼らに差し込みます。そしてほんの少しの希望を残し、物語は終わっていくのです。

もう一冊は『消失の惑星《ほし》』（ジュリア・フィリップス著）。こちらはロシア・カムチャツカ半島の街が舞台。もしかすると登場人物のロシア語の名前に最初は戸惑うかもしれません。

『われら闇より天を見る』
クリス・ウィタカー著
鈴木恵訳
早川書房

『消失の惑星』
ジュリア・フィリップス著
井上里訳
早川書房

幼い姉妹の誘拐事件を軸に、先住民と白人系ロシア人の関係やら文化背景やらが複雑に絡み合うストーリー。様々な人間模様が浮かび上がり、ミステリーの要素を含みつつ読み応えのある一冊です。

事件の起きた八月に始まり、月ごとに、連れ去られた少女たちと、関わりのある女性たちの日常があぶり出される展開も、静かだけれど、引き込まれます。


この二冊を貸し出し便に入れて送ってあげたら、夢見るおじさんは（かくいう私も今ではすっかり妄想過多おばさん）きっとこう言うと思うのです。

「奥村さん、ありがとう！　すんごい面白かったよ！　寝ないでずっと読んじゃったよ！」

働き続けること

多くの才能あふれる、天才と呼ばれる女性たちが登場する『天才たちの日課 女性編 ―― 自由な彼女たちの必ずしも自由でない日常』（メイソン・カリー著）。この本は、先に出版された『天才たちの日課 ―― クリエイティブな人々の必ずしもクリエイティブでない日々』の続編であり、補正版とした位置づけで出版されたそうです。

一冊目で取り上げた天才たちの中で、女性の占める割合はわずか17％以下。二冊目のまえがきには、その男女比のバランスを解消するためにも、この本を出版する必要があったと説明があります。

そして、読者にとっても役立つ本にしたかったとも書かれているのですが、はたして天才女性たちの働きぶりを知ることが、私たちに本当に役に立つものなのでしょうか？

しかし、読んでみるとそんないぶかしさはすぐに吹き飛びます。実際この

『天才たちの日課
女性編
―― 自由な彼女たちの
必ずしも自由でない日常』
メイソン・カリー著
金原瑞人／石田文子訳
フィルムアート社

本はどこを開いて、どの天才女性の話を読んでもすんなり入ってくるし、励まされるのです。

性差別、中には人種のハンディをも越えてきた天才たちと、凡人である自分のキャリアを重ねて考えるのは、笑止千万なのは重々承知しています。しかし、そんな天才たちでさえ、女性ゆえの苦労が多かったのだと知ると、ちょっと気が楽になるのです。

いつの時代も女性がずっと働き続けるのは大変。その状況は今もあまり変わっていないのではないかとも強く感じます。もちろん男女問わず、誰にとっても働くことは大変という大前提があってのうえですが。

ただ時代をさかのぼっても女性はその役割上、外で働くことは困難だったし、今でも子どもを育てながらキャリアを積んでいくのは大変なこと。私には子どもがおらず、その苦労はしていませんが、想像しただけで両方は無理！と音《ね》を上げてしまっていたと思います。

実は私は大学時代のゼミで両性問題を学んでいました。振り返ってみると、その経験が私の紆余曲折のキャリアに影響を与えることとなったようです。

そこでゼミ生たちは、女性が男性並みに働くことが男女平等ではなく、むしろ男性だって育児のために休暇を取るのも当たり前、女性が働いて男性が主夫でも問題なしという、昨今だいぶ浸透してきた両性のあり方を、かなり時代に先駆けて真剣に議論していました。

しかし、ゼミを通じて、一生働く決意をしたものの「生涯かけて何をしたいの?」と言われると頭に浮かばない。そんなぼんやりした考えだったので、就職活動もうまくいかず、内定していた会社にも辞退を告げました。

ちょうどその頃、インテリアコーディネーターという職種が生まれ、「私がやりたかったことはこれだ!」と直感した私は、塾の英語教師のアルバイトをしながらインテリアスクールに通い、その後大手住宅メーカーのアシスタントとして、建築業界に飛び込むこととなったのです。と、ここまでが奥村キャリア第一章といったところでしょうか。

さて、本に戻りましょう。気になるエピソードは数々あれど、女優で映画監督でもあったアイダ・ルピノ氏のこの一節に、女性が働くうえでのやるせなさが凝縮されている気がします。

男性はえらそうにする女性を嫌うから、命令するんじゃなくて提案するの。「ねえ、みんな、お母さん困ってるの。こういうことをしたいんだけど、やってくれるかしら。（中略）お母さんのためにやってくれない？」　こんなふうにいうと、男性はやってくれる。（中略）それと、絶対にかっとならないようにしてる。女性にはかんしゃくは許されないの。男は女がヒステリーを起こすのを待ち構えてる。

もっと早く知りたかったこの極意。特に建築業界にいたときに知りたかった。私のようなよくキレる女性が（もちろん賢い方ではなく、カッチ〜ンの方）、これを知っていたら、数々の失敗を免れることができたのに。

そもそもずっと男性優位だった建築業界。インテリアコーディネーターという職種が生まれるまで、女性にとってはあまり好ましい職場ではありませんでした。けれどそんな業界でセクハラめいた経験もほとんどなく、無事にやってこられたのは、先輩たちが男性社会の中で戦った後の道を歩いていたから。

よく先輩からは「コーディねーちゃんて呼ばれてたのよ、私たち」と聞かされたものです。

私と同じようなアートの仕事をやりたいと思っておられる方の道を、今、私がつくれているかはさておき、せめて雑草だけでも刈り取っておきたいなと最近つくづく思います。

とりたてて才能はないけれど、ずっと働いてきた、いち女性として。

アート探検のお供には

インテリアコーディネーター時代、それは多くの物件を担当してきました。時代も良かったので、先輩たちの手掛けた素晴らしい邸宅の数々を、目にする機会も多くありました。

しかし、あるときからそんな立派なお住まいを見ても「何かが足りないぞ」と心の中がもやもや。しばらくして「そうだ壁にアートがないからだ！」と、気づきを得た瞬間が、私のアートアドバイザーとしての原点でした。

もちろん、それを仕事にするには、いろんなハードルがありました。先にも触れたように、いささかネガティブな要素が重なって、見切り発車的にアートの世界に飛び込んだ訳ですが、当初は怖いもの知らず。お客様にも「好きか、嫌いかで選んでくだされぱいいんですよ。私もそうです」などと、実にあっけらかんと言っていました。

もちろん、お客様には今でもそうお話ししていますが、「いやいや、私がそうではあかんやろ」と、いつしか始まった自己突っ込みの日々。人様にアートをお薦めするには、インテリア業界にいたというキャリアだけではダメ、もっと勉強しなくてはと、突っ走ってきた自分にカツを入れたのです。

ではどうする？　もう一度大学に戻って美学を学ぶ？　その選択は、時間的にも仕事的にも、現実的ではありません。そこで、私は数多くの本を頼りに自分なりに勉強をスタート。難しい専門書でなくとも、様々な方が、アートにまつわる興味深い本を出しておられますから。（と、ここでも本に助けられる！）

そして、美術に関する本を手当たり次第に読むうちに、拾い集めた小さな点が、細～い線になり、自分の中で腑《ふ》に落ちる、といった感覚が、とても楽しくなってきたのです。

そんな本の中でも『ぼくの美術帖』（原田治著）は特別です。原田氏と言えば可愛らしいイラストで有名。ある程度の年齢の方ならば「あ～、ドーナッツの」なんて思い出されるのではないでしょうか？

その原田氏の〝ガチ〟の美術史本ともいえるこの本はとても勉強になった一冊。今でも、時折本棚から取り出し、引き続き勉強させてもらっています。

『ぼくの美術帖』
原田治著
みすず書房

アートの勉強を始めた際に、私が重きを置いたのは西洋美術史の方。日本の美術史は、ちょっとおざなりになっていたのです。

けれどこの本の中ではどちらかというと日本美術についての話が多く、私の知らなかった画家も登場します。そして後半部分になると、日本の美術の根っこは、縄文時代にあるのだ！　的に、畳みかけてくる章が続き、氏の分析に、ほほ～と深く納得してしまうのです。

もちろん、美術について学ぶといった面だけではなく、本の中は氏のアート愛に満ちています。

美術館のカフェでアートについてあれこれ思いをめぐらすひととき、お気に入りの作品を前に「いいなあ、いいなあ」と思わず声に出てしまう瞬間、好きな絵の前では時間を忘れてしまうこと。そんな原田氏の美術鑑賞の様子は、多くのアートラバーに共通しているのではないでしょうか。

銀座で、氏が大好きな鈴木信太郎氏の作品に、遭遇したときの話にも笑みがこぼれます。絵を前に「鰻屋で匂いだけ嗅いで家に帰り飯を食う人になったみたい」といった表現。これ、本当によくわかるなあ。私もよく、大好きなアート作品を前にするだけで、ごはん三膳いけるなんて言っているくらいですから。

私がこの本の中でいちばん心に残った言葉がこちらです。

美術を発見するということは、強い精神の集中力を携えて出かける探険旅行のようなものでしょう。日常生活での瑣末さや退屈さを脱して、遥かなるもうひとつの別の次元が突然目の前に現出することです。それは洞察と歓喜の生き生きとした世界の発見です。かくしてぼくはこの探険に心を奪われたまま馬齢を重ねてきました。

今では仕事のためにというよりも、本当に知りたいからの気持ちで読むアート関連本の数々。心ゆくまで楽しく探検できるように、そのために私はアートを学び続けるのだと、ページをめくりながら思うのです。

本を魅力的にする人たち

書店を舞台に本をこよなく愛する書店員を主人公にしたコミカルな連作集『店長がバカすぎて』（早見和真著）。この本の中で主人公が放った忘れられない一言があります。

「昔より本が売れなくなったとしても、本はおもしろくなり続けていると思うんです。それを読者に届けられないのは私たちの敗北」

世間で本が売れないと言われ始めて、どれくらいの年数が経ったでしょう。けれど、昔と変わらず面白い本に出会い続けているし、素晴らしい本が日々出版されています。読者側もコロナ禍を経て、今一度本に真剣に向き合った

『店長がバカすぎて』
早見和真著
角川春樹事務所

方も多いでしょう。最近では、本を紹介しているインスタグラムのアカウントなども多く見受けられるようになりました。

本は過去も現在も、そして未来も面白いものであり続けることだけは間違いありません。

この本の舞台は中型書店でしたが、ここ数年、本をさらに魅力的にしているのは本のセレクトショップともいえるような本屋さんや、小さな出版社の存在が大きいと思います。


私の大好きな出版社に、ひとり出版社の先駆けとなった夏葉社《なつはしゃ》があります。創業なさった島田潤一郎氏は小説家を目指しておられたけれど、挫折して編集経験のないまま出版社を始められたそうです。

作家としての活動が叶《かな》わずとも、出版者として慈しみを持ち愛情を込めて、本を生み出しておられるその仕事ぶりは、作家と同じく尊く素晴らしいことだと思います。氏が手掛けた本を手にすると、本にかける静かな情熱といったものが伝わってくるようです。

こちらから出版された書籍すべてを読んだ訳ではありませんが、夏葉社が届けてくれる本は、読み終えると心に小さな灯りが、ぽっと灯《とも》ったようで、なんとも心地よい余韻を残してくれます。

全くその名も知らなかった小山清氏。氏の随筆集『風の便り』もそんな一冊です。静かで味わい深い10編の随筆に加え、高橋和枝氏の挿画が五枚挟み込まれており、それらは一枚一枚、糊《のり》で貼り付けられています。

本から受ける穏やかな感動と共に、手間や経費など度外視した感のある本づくりに、深い感銘を覚えました。

地味だけれど、温かい話が小さなクッキー缶みたいに詰まっているこの随筆集。帯にある「好きな人のことを褒めることで生涯を送りたい。」に涙腺をきゅっと突っつかれた気がします。

同じく口絵と裏表紙に印象的な版画（印刷）を施した『昔日の客』は、文学者たちに愛された、東京・大森にあった古書店「山王書房」店主、関口良雄氏による名著です。

古書店の店主と聞いて頭に浮かぶのは、入った途端に店の奥の方から眼鏡

『風の便り』
小山清著
夏葉社

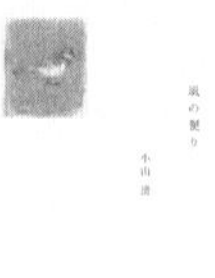

『昔日の客』
関口良雄著
夏葉社

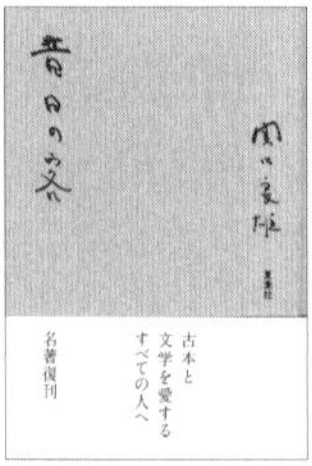

越しにギロリとにらまれる、そんなイメージ。けれど、この本では、当時の文豪と交わした微笑ましく、ウイットに富んだ会話のやり取りや、伊藤整氏に間違われ、そのまま成りすましてしまう話など、気難しい古書店の主人といった感じではありません。もちろん、常連さん以外にとっては、ちょっとばかし入るのに勇気の要るお店だったことはうかがい知れますが。

関口氏のご子息によるあとがきには、島田氏の熱い想いを持った働きかけにより復刊したことが、書かれています。

それを読むと、島田氏がなぜ心を打つ、優しくかつ素晴らしい本を世に送り出しているのかが、わかる気がしました。

そしてもう一冊。私の生まれ育った神戸の街のことが、愛情たっぷりに綴られている『神様のいる街』(吉田篤弘著)です。古書の街、神保町、そして神戸。若い頃の吉田氏にとって、とても大切だった、二つの街に共通するのは地名に〝神〟がつくこと。

どの描写からも、当時の神戸の空気感がそのまま伝わってくるようで、私

『神様のいる街』
吉田篤弘著
夏葉社

の記憶を、優しく呼び起こしてくれました。この本も、島田氏が「神戸のことを書いてみませんか」と提案して生まれた一冊なのだそうです。

　西欧風でありながらアジア的で、海の街でありながら山の街でもある。
　懐かしいけれど、すこぶるモダンで、華やかだけれどシックだった。

あの頃の神戸の街をここまで鮮明に思い出させてくれた文章に、私は今まで出会ったことがなかった気がします。

島田氏ご自身によるエッセイ『電車のなかで本を読む』も本への愛情たっぷりの一冊です。

優しい語り口調で綴られたこの本がとても良いと思うのは、決して本至上主義に走っていないところ。「本を読まない？　あり得ない」なぁんて立ち位置ではないのです。

『電車のなかで本を読む』
島田潤一郎著
青春出版社

本を読まなくてもその存在がそのまま本みたいな人（氏は漁師である叔父様を例に挙げておられるけれど）のことを、ちゃんとリスペクトされているところも、いいなあと思います。

大型・中型書店、小さな本屋さん、大きな出版社に、ひとり出版社。それらに携わる本を愛する人々が今日も魅力的な本をつくり続けているのですね。

さて島田氏のエッセイ本、偶然にもサイン本を購入することができました。そこにはサインと共に「今日も読む」と書かれています。

私も、今日も読んでます。

おわりに

本と人との関係は読んだときの掛け合わせが大きく影響するのだと思います。アートと人とのそれと同じように。交差するタイミングで、同じ本でも残る余韻は違うもの。そう考えるとますますアートに似ています。

気分や心のありようはもとより、読んだ季節や場所、そして若い頃と歳を重ねてから。「読む時期×本」で、同じ人が同じ本を読んでも、毎回違う風景に出会うことができるのですから、やっぱり本は生ものです。

今回この本を書くにあたり、過去に読んだ本を再び読む、記憶に残った箇所を読み返すことからスタートしました。まさに読んだ時期と本との関係が生み出す不思議さを、身をもって体感した訳です。

「あれ？　この話そんな風につながっていたっけ？」や「なんでここで私はいたく感動したんだろう？」など、感性の老化を嘆く一方で、若い頃にはさほど気に留めなかった場面で心が動いたり、涙が出そうになったりと、魂の成熟具合を感じることも多々ありました。

そして本を書き終え、私という人間は本がつくってくれたのだと、つくづく思ったのです。

ストンという耳には聞こえない小さな音を立てて、心に飛び込んできた一節。行間に潜む目には見えない大切なメッセージ。それらを拾い集め、大切に育てた年月が、知らず知らずのうちに、自身の感覚的な細胞となり、今の私があるのだと。本が私のスタイルをしっかりと形成してくれたのかもしれません。

これから体は老いていく一方ですが、本がつくってくれた心の細胞はいつまでも瑞々しいままに、老いることはありません。そしてこれからの残りの人生、いつ、どんな本が交差して、私に感動を与えてくれるのかと思うとワクワクしてくるのです。

最後まで悩んだ本のタイトル。「おわりに」を書くうちに自分の中で揺るぎのないものになってきて、これ一択となりました。

「私たちは本でできている」

２０２４年６月　旗を立てた場所にて

奥村くみ

アートアドバイザー。インテリアコーディネーターとして長年数多くの個人宅、医院、モデルハウスなどを手掛ける。2004年よりアートのある暮らしの豊かさを多方面から提案。2014年より毎年、大阪・堂島で開催されているアートフェア「ART NAKANOSHIMA」のディレクター。2021年に奈良・明日香にプライベートビューイングルーム「quo/to こぉと」を開設。無類の本好きで、自身のインスタグラムに時折投稿する本紹介の文章も人気。

HP：www.allier.jp
Instagram：@allierart93
note：@noartnolife93

センスを磨く読書生活 私たちは本でできている

2024年6月21日　第1刷発行

発行者　鈴木善行
発行所　株式会社オレンジページ
〒108-8537 東京都港区三田1-4-28　三田国際ビル
電話　03-3456-6672（ご意見ダイヤル）
03-3456-6676（販売　書店専用ダイヤル）
0120-580799（販売　読者注文ダイヤル）

印刷・製本　図書印刷
ブックデザイン　米持洋介（case）
編集・構成　加藤郷子
撮影　森山雅智
編集協力　風日舎
編集担当　井上留美子

Printed in Japan